例　　言

1. 本報告書は文部省科学研究費補助金（基礎研究（B）（2））による『沖縄県宮古島における先史時代の生計活動』（2000年～2002年度）の一環として、沖縄県宮古郡城辺町新城荒牛に位置するアラフ遺跡で実施した予備調査から第5次調査の発掘調査報告書である。
2. この調査は江上幹幸を団長とし、アラフ遺跡調査団を組織し、沖縄国際大学、青山学院大学、琉球大学、明治大学、國學院大学などの混成チームで調査を行った。
3. 本調査は高梨学術奨励基金の助成（2000年～2001年度）を受けている。
4. 本報告書は予備調査から第5次調査までの報告書であり、以前に刊行された出版物における記載と相違が生じた場合は、本書の記載が優先される。
5. 調査期間
    予備調査　　2000年　　3月21日～3月29日
    第1次調査　2000年　　9月15日～9月30日
    第2次調査　2000年　12月20日～12月30日
    第3次調査　2001年　11月21日～11月30日、同年12月19日～12月31日
    第4次調査　2002年　　3月5日～3月16日
    第5次調査　2002年　12月12日～12月31日
6. 予備調査から第5次調査までの参加者は以下の通りである。
    予備調査
        江上幹幸（沖縄国際大学）、砂川正幸（沖縄国際大学大学院）、赤嶺信哉、安里美紀、上間曜、菊池恒三、玉城靖、知念隆博、知念政樹、松原哲志（沖縄国際大学学部生）、小島曠太郎
    第1次調査参加者
        江上幹幸、土肥直美（琉球大学）、譜久嶺忠彦（琉球大学大学院生）、砂川正幸、赤嶺信哉、秋本真孝、安座間充、内間真吾、郭嘉淋、菊池恒三、金城悠香、知念隆博、当真理、比嘉尚輝、比嘉史子、松原哲志、宮城智浩、宮城奈緒（沖縄国際大学学部生）、下地和宏（城辺町教育委員会）、小島曠太郎
    第2次調査参加者
        江上幹幸、馬淵和雄（日本考古学協会員）、砂川正幸、菊池恒三、沖元道（明治大学学部生）、下地和宏、小島曠太郎
    第3次調査参加者
        江上幹幸、馬淵和雄、鍛治屋勝二（鎌倉市内遺跡調査員）、丸山清志（上智大学大学院生）、張替清司、松葉崇（青山学院大学大学院生）、下地和宏、小島曠太郎
    第4次調査参加者
        江上幹幸、馬淵和雄、野本賢二（新宿区教育委員会）、張替清司、松葉崇、知念政樹、沖元道、下地和宏、小島曠太郎
    第5次調査参加者
        江上幹幸、馬淵和雄、野本賢二、張替清司、松葉崇、金城英樹（沖縄国際大学大学院生）、山本文子、柳沼孝志（青山学院大学学部生）、伊波かおり、徳嶺里江、牧野純子、本村麻里衣（沖縄国際大学学部生）、大堀皓平（國學院大学学部生）、下地和宏、宮城ゆりか、和田卓也（平良市教育委員会）、小島曠太郎
7. 本報告書は江上・馬淵の指導の下、松葉が編集を行い、江上、馬淵、新里貴之（鹿児島大学）、張替、松葉、砂川、金城、知念が執筆した。執筆分担は文末に記した通りである。
8. 整理作業は2000月11月1日から2003年5月31日まで、沖縄国際大学・青山学院大学で行った。
    遺構図の作成・トレースを張替、松葉、金城、沖元、山本、柳沼がおこなった。トレースに関しては山口

正憲（青山学院大学）、永瀬史人、田畑潤（青山学院大学大学院生）、千葉芳子の協力を得た。

遺物の実測・トレースを島袋綾野（石垣市市史編集室）、野本、張替、松葉、沖元、戸辺千裕（東京都立大学大学院生）、山本、柳沼、伊波、徳嶺、牧野、本村、大堀、溝田康司（沖縄国際大学大学院生）、山本正昭（沖縄県立埋文センター）がおこなった。

写真撮影、焼き付けを張替、松葉、田島が行った。

図版の作成に関しては福有隆春、石貫弘泰（青山学院大学学部生）の協力を得た。

9. 資料整理にあたり、下記の方々に遺物の鑑定、同定をお願いした。記して謝意を表します。（敬称略）

松井章、宮路淳子（動物骨）、名和純（貝類）、大城逸郎（石質）、高宮広土、宇田津徹朗、パリノ・サーヴィイ、古環境研究所（植物）、名古屋大学年代測定総合センター

なお、下記の方々から本稿に玉稿を賜り、記してお礼申しあげます。

新里貴之、松井章、宮路淳子、丸山真史、名和純、高宮広土、河名俊男、パリノ・サーヴェイ、古環境研究所

10. 遺物、遺構図面は沖縄国際大学江上研究室が保管している。
11. 発掘指導および発掘調査協力者（敬称略）

安里嗣淳、池田榮史、石川和明、石田 肇、伊良皆安雄、伊良部トミ、石場久美子、上原靜、宇田津徹朗、大濱永亘、大濱永寛、加藤祐三、河名俊男、川満ミネ子、金武正紀、金城亀信、後藤雅彦、小橋川若美、呉屋義勝、島袋綾野、下地傑、杉山真二、砂川玄正、砂辺和正、関口正明、早田勉、高宮廣衛、高宮広土、竹下善司、嵩元政秀、田村晃一、手塚直樹、唐山佳寿美、時枝克安、仲宗根将二、中村愿、中村俊夫、名和純、西銘章、橋本真紀夫、布施欣也、Mark Hudson、平良市総合博物館、松井章、松本明、宮城弘樹、宮路淳子、森田直也

12. 第3次調査・第4次調査に関しては、2003年に概要を報告している。

江上幹幸・松葉崇　2003　「アラフ遺跡」　『考古学ジャーナル』No,497　ニュー・サイエンス社

凡　例

1. 図中の方位は全て磁北をさす。
2. 遺構実測図の縮尺は、遺構全体図・遺物出土位置図・調査区土層断面図が1/80、集石が1/20、竪穴遺構・土坑・テーブルサンゴが1/30である。遺物実測図の縮尺は基本的に1/3で、貝珠・貝製ビーズ・サメ歯製品・獣歯製品は1/1である。
3. 遺構番号については、整理作業中の検討の結果、欠番が生じている場合もある。
4. 遺物図版の縮尺は遺物実測図と同様である。
5. 土層図のローマ数字は基本層序に対応している。

貝出土位置のドットによる指示は、断りのない限り次の通りである。

6. △　クモ貝
   ▲　チョウセンサザエ
   □　シャコ貝
   ■　チョウセンサザエの蓋
   ○　サラサバティ
   ●　その他の貝
7. 遺構実測図のスクリーントーンによる指示は、断りのない限り次の通りである。

　　　　集石遺構　　　　　灰溜り　　　　　貝溜まり遺構

目　　次

はじめに………………………………………………………………………………………………… 1
　調査の目的…………………………………………………………………………………………… 1
　調査に至る経緯……………………………………………………………………………………… 1
第一章　遺跡の位置と宮古島の先史時代遺跡……………………………………………………… 3
　第1節　位置と環境………………………………………………………………………………… 3
　第2節　宮古島の先史時代遺跡研究史…………………………………………………………… 5
　第3節　宮古島の先史時代遺跡…………………………………………………………………… 7
第二章　発掘調査の経過……………………………………………………………………………… 8
　第1節　調査区の設定……………………………………………………………………………… 8
　第2節　調査の経過………………………………………………………………………………… 8
第三章　発掘成果……………………………………………………………………………………… 13
　第1節　基本層序…………………………………………………………………………………… 13
　第2節　検出遺構…………………………………………………………………………………… 17
　第3節　出土遺物…………………………………………………………………………………… 39
第四章　考察…………………………………………………………………………………………… 51
　第1節　検出遺構…………………………………………………………………………………… 51
　第2節　集石遺構…………………………………………………………………………………… 52
　第3節　貝溜まり遺構……………………………………………………………………………… 61
　第4節　出土遺物…………………………………………………………………………………… 66
　第5節　出土土器…………………………………………………………………………………… 71
第五章　まとめ………………………………………………………………………………………… 72

　引用文献……………………………………………………………………………………………… 75

挿図

第1図　南島広域図
第2図　遺跡の位置と周辺遺跡分布図
第3図　アラフ遺跡調査区設定
第4図　1区土層断面図
第5図　砂丘南辺および試掘坑No.10土層断面図
第6図　Ⅱ層遺構配置図および炭化面
第7図　Ⅲ層上面遺構配置図および7号集石
第8図　Ⅲ層上面遺物出土位置図
第9図　Ⅲ層下面遺構配置図
第10図　Ⅲ層下面貝出土位置図
第11図　Ⅲ層下面石出土位置図
第12図　Ⅲ層下面集石（1）
第13図　Ⅲ層下面集石（2）
第14図　Ⅳb層遺構配置図および貝出土位置図
第15図　Ⅳb層貝溜まり
第16図　Ⅳc層遺構配置図
第17図　Ⅳc層貝出土位置
第18図　Ⅳc層石出土位置図
第19図　Ⅳc層集石
第20図　Ⅴb層遺構配置図
第21図　Ⅴb層遺物出土位置図
第22図　Ⅴb層竪穴遺構、土坑
第23図　Ⅴc層遺構配置図（上）および貝出土位置図（下）
第24図　Ⅴc層石出土位置図
第25図　Ⅴc層竪穴遺構
第26図　Ⅴc層集石、テーブルサンゴ
第27図　2区遺物出土位置図および土層断面図
第28図　3区遺物出土位置図および土層断面図
第29図　Ⅱ層出土遺物
第30図　スイジガイ製利器の突起番号・計測位置
第31図　Ⅲ層出土遺物
第32図　Ⅳ層出土遺物（1）
第33図　Ⅳ層出土遺物（2）
第34図　Ⅴ層・Ⅵ層出土遺物
第35図　チョウセンサザエの部位名称と割り方（模式図）

図版

- 図版1-1　アラフ遺跡遠景（北西から）
- 図版1-2　調査地点遠景（南から）
- 図版1-3　新城海岸ビーチロックの露頭
- 図版1-4　北壁土層断面（5次調査時Ⅳ層全景、南西から）
- 図版1-5　東壁土層断面（西から）
- 図版1-6　北壁、西壁土層断面（南東から）
- 図版1-7　北壁土層断面（Ⅰ-9、10）
- 図版1-8　西壁土層断面（J-10）
- 図版2-1　第Ⅲ層全景（3次調査時、東から）
- 図版2-2　同上　（西から）
- 図版2-3　第Ⅲ層1、4a、4b、4c、5号集石（3次調査時、南から）
- 図版2-4　同上　土層断面（同上、東から）
- 図版2-5　第Ⅲ層12、13a、13b、17号集石（5次調査時、南から）
- 図版2-6　同上　完掘状況（南から）
- 図版2-7　12、17号集石土層断面（南東から）
- 図版3-1　第Ⅳb層全景（貝溜まり遺構、西から）
- 図版3-2　同上　（南から）
- 図版3-3　同上　チョウセンサザエ集積
- 図版3-4　同　サラサバティ集積およびクモガイ製利器出土状況（北壁付近）
- 図版3-5　同　貝斧出土状況
- 図版3-6　第Ⅳc層遺物出土状況（北西から）
- 図版4-1　第Ⅴb層全景（3次調査時、東から）
- 図版4-2　1号竪穴遺構（東から）
- 図版4-3　第Ⅴc層全景（東から）
- 図版4-4　2、3号竪穴遺構下層（北から）
- 図版4-5　3号竪穴遺構テーブルサンゴ出土状況（南から）
- 図版4-6　2号竪穴遺構チョウセンサザエ出土状況（東から）
- 図版5-1　Ⅰ・J-9・10　第Ⅴc層全景（南から）
- 図版5-2　6号竪穴遺構（南から）
- 図版5-3　5号竪穴遺構
- 図版5-4　7号竪穴遺構（南から）
- 図版5-5　同上　検出状況（北から）
- 図版5-6　5、6号竪穴遺構検出状況（東から）
- 図版6-1　Ⅰ-10　第Ⅴb層テーブルサンゴ検出状況（北から）
- 図版6-2　同上（第Ⅴc層まで下げたところ、西から）
- 図版6-3　同上　截割り状況（西から）
- 図版6-4　第Ⅴb層石・貝類散布状況（北から）
- 図版6-5　第Ⅴc層14、15、16、18号集石（南から）
- 図版6-6　16号集石（西から）
- 図版6-7　同上　断面（南から）
- 図版7-1　砂丘南側土層断面（南東から）
- 図版7-2　2区全景（西から）
- 図版7-3　3区全景（南西から）
- 図版7-4　Ⅰ-9　第Ⅱ層土器出土状況（北から）
- 図版7-5　J-10　第Ⅳb層貝斧・シャコ貝製品出土状況（北西から）
- 図版7-6　Ⅰ-9　第Ⅴb層黒チョウ貝製利器出土状況（北東から）
- 図版7-7　Ⅰ-10　第Ⅴc層サメ歯製品出土状況（東から）
- 図版8　　出土遺物（1）
- 図版9　　出土遺物（2）
- 図版10　出土遺物（3）

表

- 第1表　集石遺構一覧表
- 第2表　集石遺構礫比較表　Ⅲ層上面・下面
- 第3表　集石遺構礫比較表　Ⅲ層下面
- 第4表　集石遺構礫比較表Ⅳc層上面
- 第5表　集石遺構礫比較表Ⅴc層上面
- 第6表　集石遺構貝出土数
- 第7表　貝溜まり遺構から出土した貝の種別割合
- 第8表　貝溜まり遺構出土のチョウセンサザエ分類別割合

付篇

アラフ遺跡における放射性炭素年代測定結果	名古屋大学年代測定総合センター　古環境研究所
アラフ遺跡出土の動物遺存体	宮路淳子・丸山真史・松井章
アラフ遺跡から発掘された貝類の生息環境	名和純
アラフ遺跡出土の植物遺体	高宮広土
宮古島のビーチロックと後期完新世に地形発達史	河名俊男
アラフ遺跡3次・4次調査の自然科学分析	パリノ・サーヴェイ
アラフ遺跡における樹種同定	古環境研究所

はじめに

調査の目的

　琉球列島の先史時代は本土との文化的関わりを持つ北琉球圏（奄美・沖縄諸島）と、南方との関わりをもつといわれる南琉球圏（先島諸島）に分けられている。北琉球圏は最近までの調査で本土の縄文、弥生文化の影響を強くうけていることが確実になっているが、南琉球圏は琉球列島が政治的統一を迎えるグスク時代まで北琉球圏とは異なった文化を形成していたのではないかと言われている（安里 1993）。

　特に宮古島は2.5万年前の化石人骨ピンザアブ人、200点あまりのシャコガイ製貝斧を出土した浦底遺跡など重要な遺跡が調査されているにも関わらず、島での先史時代はほとんど未解明のままである。島で人間の居住が開始されたのは浦底遺跡を代表とする土器を持たない新石器時代後期であるといわれている。浦底遺跡からは貝斧以外に人間の居住を示す数十基の集石遺構が出土し、人々はこの地でストーンボイリング（焼石料理）を行い、生活をしていたことが明らかにされたが（Asato 1990）、概報が出版されているのみで、詳細を知ることはできない。

　本研究代表者の江上は上記のことを踏まえ、浦底遺跡と隣接し、同様な地理的環境にあるアラフ遺跡を調査地に選択し、宮古島の先史時代の生計がどのようになされていたかを研究する目的で発掘調査を実施した。

調査に至る経緯

　アラフ遺跡は2000年3月の予備調査から、2002年度の調査まで5次にわたって発掘調査がなされた。

　本遺跡は1981年の沖縄県教育委員会が実施した宮古島の詳細分布調査でスイジガイ製利器、オニコブシ製利器などが表面採集され、新生遺跡として文化庁遺跡出土地名表に登録されていたが（沖縄県教育委員会 1983、上原 1985）、その後の城辺町教育委員会の分布調査で地名が荒牛遺跡と変更された（城辺町教育委員会 1987）。

　当遺跡からは、ここ数年平良市総合博物館の学芸員により、30数個のシャコガイ製貝斧が表面採集されていた。研究代表者である江上は分担者の土肥直美氏、城辺町教育委員会下地和宏氏、平良市総合博物館砂川玄正氏などと当地を訪れ、サトウキビ畑により削平された断面に一部包含層が露出していることを確認し、地表面からシャコガイ製貝斧7点と十数個の焼石を採集、この遺跡が隣接する浦底遺跡や長間底遺跡と時代、性格ともに同じくする遺跡であろうと推定した。2000年3月の予備調査では、シャコガイ製貝斧が多く表面採集されて土層断面に包含層が確認できる地点に4×4mの試掘坑を設定した。最終日近くに地表より1.5m付近で集石遺構が確認され、その遺構近くでスイジガイ製利器1点が検出された。

　同年6月文部省科学研究費が採択され、5次にわたる本調査が開始された。当初、大学の休暇期間である9月を発掘調査期間に設定し調査を開始した。しかし、直射日光をさえぎるものがない砂丘で連日35度以上の高温下という気象条件での作業は肉体的な危険を伴うため、夏のこの期間に調査を実施することは困難であると判断した。そのため、12月に再調査を行い、翌年からは冬期に調査を実施した。

　ここに報告するのは、文部省科学研究費補助金（2000年－2002年度）および高梨学術奨励基金（2000年－2001年）の交付を受け、2000年度から2002年度の3ヶ年にわたって実施したアラフ遺跡発掘調査の成果である。調査は文部省科学研究費補助金の終了年度となったが、追求すべき課題が多いため、2003年度も継続調査を実施する予定である。

　この研究は遺跡から検出された集石遺構内、及び遺構周辺の土壌を水洗ふるい選別法と浮遊遺物選別法（フローテーション）で分析を行った。また、土壌微細形態学での生活痕、耕作痕を明らかにすることも試みた。熱残留磁気年代測定、プラントオパールなど本研究の遂行にあたっては多くの研究者のご協力をいただいた。その分析成果はまだすべて提出されていないが、今後の追加資料とあわせて、次回報告を行うことになっている。また、自然遺物の集計も同様に次回報告を行う。

　発掘調査にあたっては宮古島城辺町教育委員会はじめ、平良市教育委員会、平良市総合博物館などの関係機関の方々、地元の人々には多大な協力をいただいた。ここに感謝の言葉を添えたいと思います。

（江上幹幸）

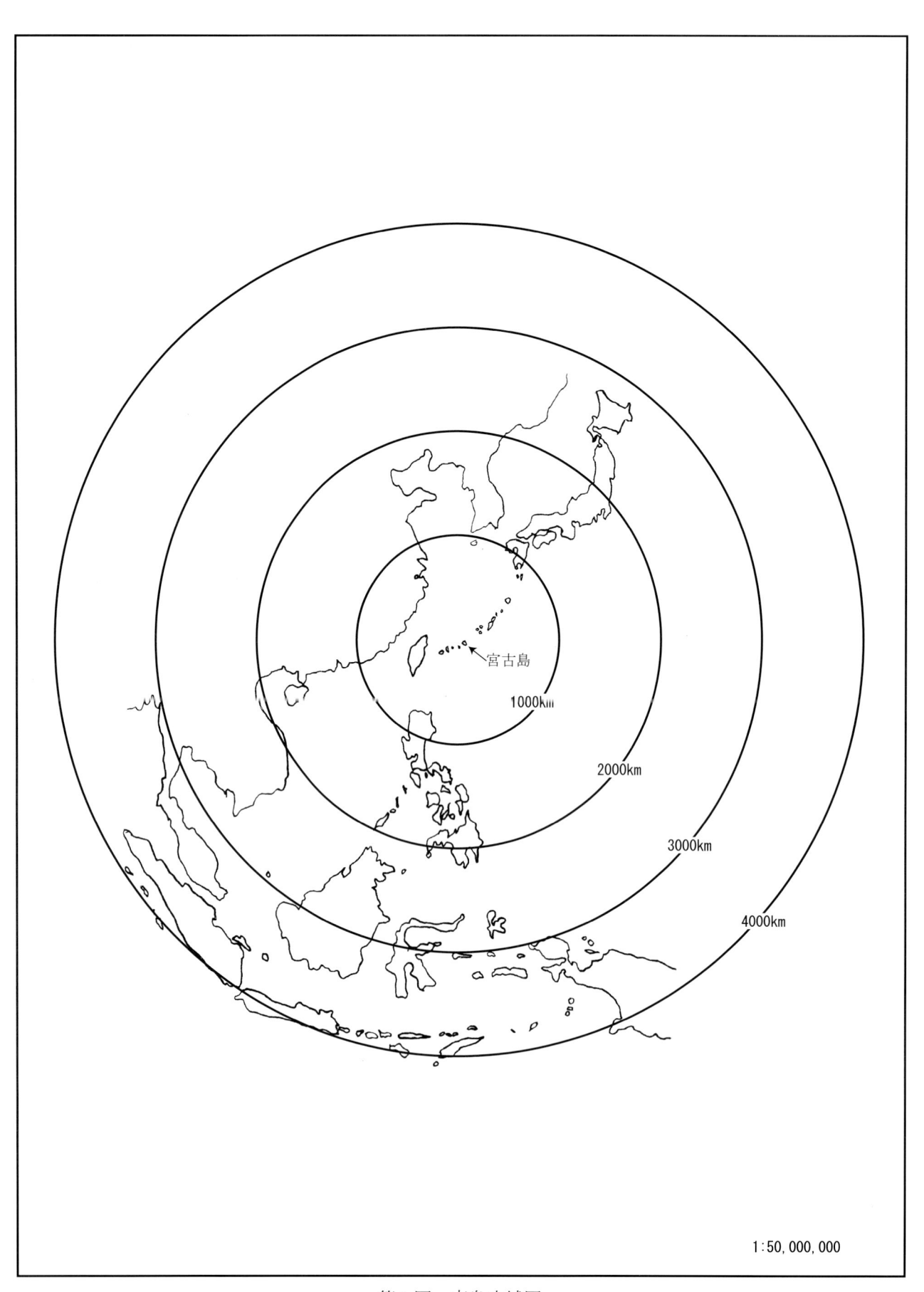

第1図　南島広域図

第一章　遺跡の位置と宮古島の先史時代遺跡

第1節　位置と環境

　宮古島は全島が隆起した琉球石灰岩に覆われた低平な台地で最高点は115m、北西方向に約30kmのびる三角形の島で、伊良部島、下地島、来間島、大神島、池間島に取り巻かれている。島の北東海岸および南岸には比高約30～100mの直線状の急崖が発達しているが、西海岸は比高10～20mの入り組んだ海食崖あるいは海浜になっている（町田ほか 2001）（図1）。

　宮古島を構成している地層は、第三紀中新世～第四紀の島尻層群（泥岩、砂質泥岩、砂岩）と、それを不整合におおう更新世中後期の琉球層群（基底礫岩、サンゴ石灰岩、砂質石灰岩、泥質石灰岩）からなる。島尻層群は主に北東部の崖に沿って露出している（町田ほか 2001）。

　宮古島の北東海岸には多数のビーチロックが分布する。これらはほとんどが潮間帯ビーチロックで、約2100yrBP（未較正値）以降、ほぼ現海面に近い海水準下で形成されたものである。宮古島や下地島などのノッチ後退点高度は全体として潮間帯に含まれる。したがって、これらの島々における後期完新世（過去数千年間）の海水準はほぼ現海面に近かったと考えられる（町田ほか 2001）。

　砂丘の形成時期については、「ある時期の海退に伴う海浜の拡大による砂の供給量の増大＝砂丘の形成開始」と考えると、宮古島における砂丘の形成開始時期は、上位ノッチから下位ノッチへの海退時期に相当する可能性が考えられる（河名 2003）。

　アラフ遺跡は宮古島の北東海岸、沖縄県宮古郡城辺町新城荒牛に位置する新石器時代後期の遺跡である。遺跡が立地する新城海岸の環境も、前述した北東海岸の特徴を有している。北側は海に面し、南側の後背地は標高約60mの急崖が取り巻き、50mほどの高所にある琉球石灰岩の割れ目から自然湧水が流れ出ている。湧水は崖を下り、小川となって海岸低地の遺跡の脇を流れ、砂浜から海岸に注いでいる。その前面には、長さ170m幅23m（河名 2003）の発達した潮間帯ビーチロックが形成されている。

　西側は標高92.1mの三角点を標したピークから崖が海に落ち込んで、台地の突き出した岩礁の岬になっている。ピークへの登り口には拝所があり、一帯は牧中御嶽遺跡になっている。岬の西は急崖の迫る岩礁海岸が1.5kmほど続き、小さな岬を越えると浦底海岸の広い砂浜になっている。

　東側も標高90m近い急峻な崖が迫った小さな岬になっており、約1.5km岩礁海岸が続いて吉野海岸の狭い砂浜に至っている。東側の崖からも湧水が流れ出し海岸東部に注いでいる。

　このように新城海岸は、長さ約800mの砂浜を有する、岬に囲まれた1.2kmほどの長さをもった入江になっている。前面の海は裾礁によって取り巻かれ、礁原（ヒシ）内側の幅約500mにもわたる礁池（イノー）は現在も格好の漁場となっている。干潮時には歩いて礁原まで渡れるほどの深さになり、チョウセンサザエ・サラサバテイ・シャコガイ類・クモガイなど多種の貝類やタコを採集・捕獲することが出来る。また、礁池内には地元で「釜」と呼ばれるプールを思わせる広くて深い特異な窪みが二箇所に形成され、ここも漁場として利用されている。

　いっぽう、砂浜の後背地には標高約5mの砂丘が形成され、海岸と平行に走る防潮林の内側にはその旧地形が残っている。しかし、旧地形に立地する遺跡の南側低地はさとうきび畑の開墾により削平され、旧地形を窺い知ることは出来ない。

　新城海岸は奥行き200～300mの比較的広い面積の海岸低地と水源を持ち、1km近い長い砂浜と静かな礁池を抱いた入江であることから、居住環境として適した条件を備えていると言えるだろう。

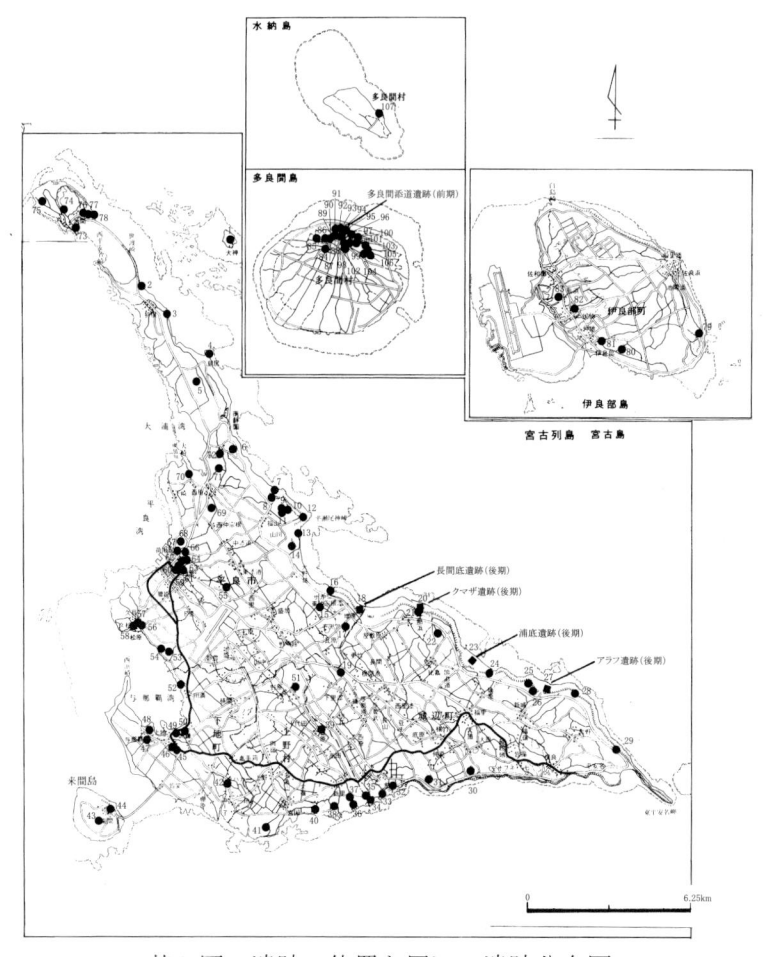

第2図　遺跡の位置と周辺の遺跡分布図

第1表　宮古島遺跡分布図地名表

番号	遺跡名	番号	遺跡名	番号	遺跡名	番号	遺跡名
1	大神遺跡	28	大牧（ウプマキ）遺跡	55	二重越遺物散布地	81	スサピミャーカ
2	世渡崎の崖穴葬跡	29	保良元島遺跡	56	松原遺物散布地②	82	国仲元島遺跡
3	狩俣遺跡	30	箕島（ムイズマ）遺跡	57	松原遺物散布地①	83	伊良部長浜遺跡
4	島尻元島遺跡	31	箕の隅（ムイヌフム）遺跡	58	久松みゃーか〔巨石墓〕群	84	長瀬原遺跡
5	長幕（ナガバカ）	32	友利遺跡	59	西里村ブンミャー跡	85	八重山遠見遺跡
6	大浦多志遺跡	33	友利元島遺跡	60	住屋遺跡〔俗称・尻間〕	86	八重山遠見台
7	真謝港後方砂丘	34	砂川元島遺跡	61	テイラフグ遺跡	87	土原ウガン遺跡
8	オイオキ原遺跡	35	上比屋山遺跡・ウイビャームトゥの祭場	62	船立堂遺跡	88	多良間神社遺跡
9	パナタガー嶺遺跡	36	新里東元島遺跡	63	保里遺跡	89	ウプメーカ
10	ピンフ遺跡	37	新里元島上方台地遺跡	64	白川井遺跡	90	天川遺跡
11	ピンフ山重火砲陣地跡	38	新里西元島遺跡	65	カーヌヤー御嶽	91	運城御嶽遺跡
12	平瀬尾神崎遺跡	39	ピンザアブ洞穴	66	上ヌ頂遺跡	92	里之子墓
13	イサラバリ北東遺物散布地	40	宮国元島遺跡	67	尻川遺跡	93	宮古遠見台
14	石原城遺跡	41	たいやー原遺跡	68	尻川遠見台	94	泊御嶽遺跡
15	サガーニ遺跡	42	クバカ城跡	69	遺物散布地	95	多良間添道遺跡
16	西銘城遺跡	43	スムリャーミャーカ	70	成川井遺跡	96	嶺間遺跡
17	飛鳥御嶽遺跡	44	来間遺跡	71	フズ嶺遺跡	97	白嶺遺跡
18	長間底遺跡	45	川満大殿の古墳	72	島尻遠見遺跡	98	寺山の遺跡
19	牧ぬ頭遺跡	46	洲鎌遺跡	72	元屋敷原遺跡	99	ぴとまたうがん遺跡
20	クマザ遺跡	47	与那覇支石墳	73	上原遺跡	100	塩川井遺跡
21	クマザ上方台地遺跡	48	与那覇遺跡	74	アラストグス	101	大道遺跡
22	高腰（タカウス）城跡	49	カナイダ遺跡	75	アラスト遺物散布地	102	フシャトゥガー遺跡
23	浦底遺跡	50	壷屋窯跡	76	火立嶺	103	ナーラディー山遺跡
24	野城（ヌグスク）遺跡	51	大嶽城跡	77	ムイスク	104	スバネートゥ墓
25	牧中御嶽遺跡	52	フカイ原遺跡	78	大浜貝塚	105	パリマガー遺跡
26	カームイ嶺遺跡	53	ミヌガフツ遺跡	79	佐良浜元島遺跡	106	塩川御嶽遺跡
27	アラフ遺跡	54	遺物散布地	80	伊良部元島遺跡	107	水納神社遺跡

第 2 節　宮古島の先史時代遺跡研究史

　宮古諸島は南に位置する八重山諸島・与那国島とあわせてのいわゆる先島諸島に属し、南琉球圏に含まれる。この地域の文化は先史時代において北琉球圏の影響を受けず、南方すなわち台湾、南中国、フィリピン、インドネシア、オセアニアなどの影響が考えられている。調査の報告は、1885年、田代安定によって行われた地理、言語、宗教などの調査からである。その報告は東京人類学雑誌に掲載され、本土の研究者の南島に対する関心を高めた（田代 1889）。1904年、鳥居龍蔵による南島調査が石垣島川平貝塚で行われ、これが先島諸島における本格的な考古学調査の幕開けとなった。鳥居はこの調査で南方との繋がりを強く指摘した。宮古島にも立ち寄り磨製石斧を採取しているが、詳細は不明である（鳥居 1953）。

　先島諸島の発掘調査は、鳥居の調査以降停滞し、1954年の金関丈夫、国分直一、多和田真淳氏らの波照間島下田原貝塚の発掘調査で再開された（金関他 1955）。1959年、早稲田大学の八重山調査団による下田原貝塚、西表島仲間第1・第2貝塚などの発掘調査で、いわゆる早稲田編年が提示された。

　1970年代後半から、八重山諸島では早稲田編年に対する疑問が示唆され、早稲田編年Ⅰ期、Ⅱ期が逆転するのではないかと論じられた（金武 1974、1978 安里 1975他）。1983年の波照間島下田原遺跡・大泊浜貝塚の発掘調査では、このことが層序的に確認され、逆転することが確定的なものになった（金武他 1986、金武 1994）。

　すなわち早稲田編年Ⅱ期は早稲田編年Ⅰ期の無土器期より古く、有土器期から無土器期に移行した。さらに外的要因で無土器期から有土器期に再び移りかわる事が石垣島カイジ遺跡（沖縄県教育委員会 1994）、竹富島新里村東遺跡（金武 1994）で明らかとなった。先島諸島におけるいくつかに編年案が出されているが、まだ検証の段階である（安里 1989、2003、金武 1994、高宮 1998、大浜 1999）。

　宮古諸島において先史時代（新石器時代）の遺跡がはじめて確認されたのは、北東海岸の海岸砂丘に立地する長間底遺跡である。それまでは宮古諸島の歴史は13、14世紀からで、人の定住は歴史時代に入ってからだと考えられていた（城辺町教育委員会 1980）。1981～82年度の沖縄県教育委員会による宮古島詳細分布調査ではじめて新石器時代の遺跡が4ヶ所確認された（沖縄県教育委員会 1983）。

　1983年、長間底遺跡の小規模な発掘調査が実施された（沖縄県教育委員会 1984）。1987～1988年には道路工事に伴う大規模な発掘調査が、長間底遺跡の南東に位置し、同様な地理的環境をもつ浦底遺跡でなされ、宮古島における先史時代が明らかとなった。貝斧を伴う長間底遺跡、浦底遺跡の地理的環境はともに海岸低地に立地、その背後に連なる丘陵台地上にはグスクあるいは当該期の遺跡があり、また両遺跡とも遺跡に面する海岸にはサンゴ礁が発達し、礁内での食料採集が生計に大きく関わっていることが指摘された（城辺町教育委員会 1989）。

　宮古島において、前述したシャコガイ製貝斧が多量に出土する浦底遺跡などは無土器期に位置づけされた。安里は浦底遺跡の調査後、南琉球圏の先史時代の編年案を打ち出し、有土器（下田原式土器）期を新石器時代前期に、無土器期を後期とし、土器の再登場は外来の文化の流入に関連するとした（安里 1989、1993）。

　浦底遺跡調査後の1991年、石垣島と宮古島の中間に位置する多良間島添道遺跡で下田原式土器が出土し、宮古諸島にも新石器時代前期の遺跡があることを確認されたが（多良間村教育委員会 1993、1996）、宮古島本島では新石器時代前期に位置づけられる遺跡は発見されていない。その後、宮古島での先史時代の発掘調査はアラフ遺跡の調査まで行われていない。

第3図 アラフ遺跡調査区設定

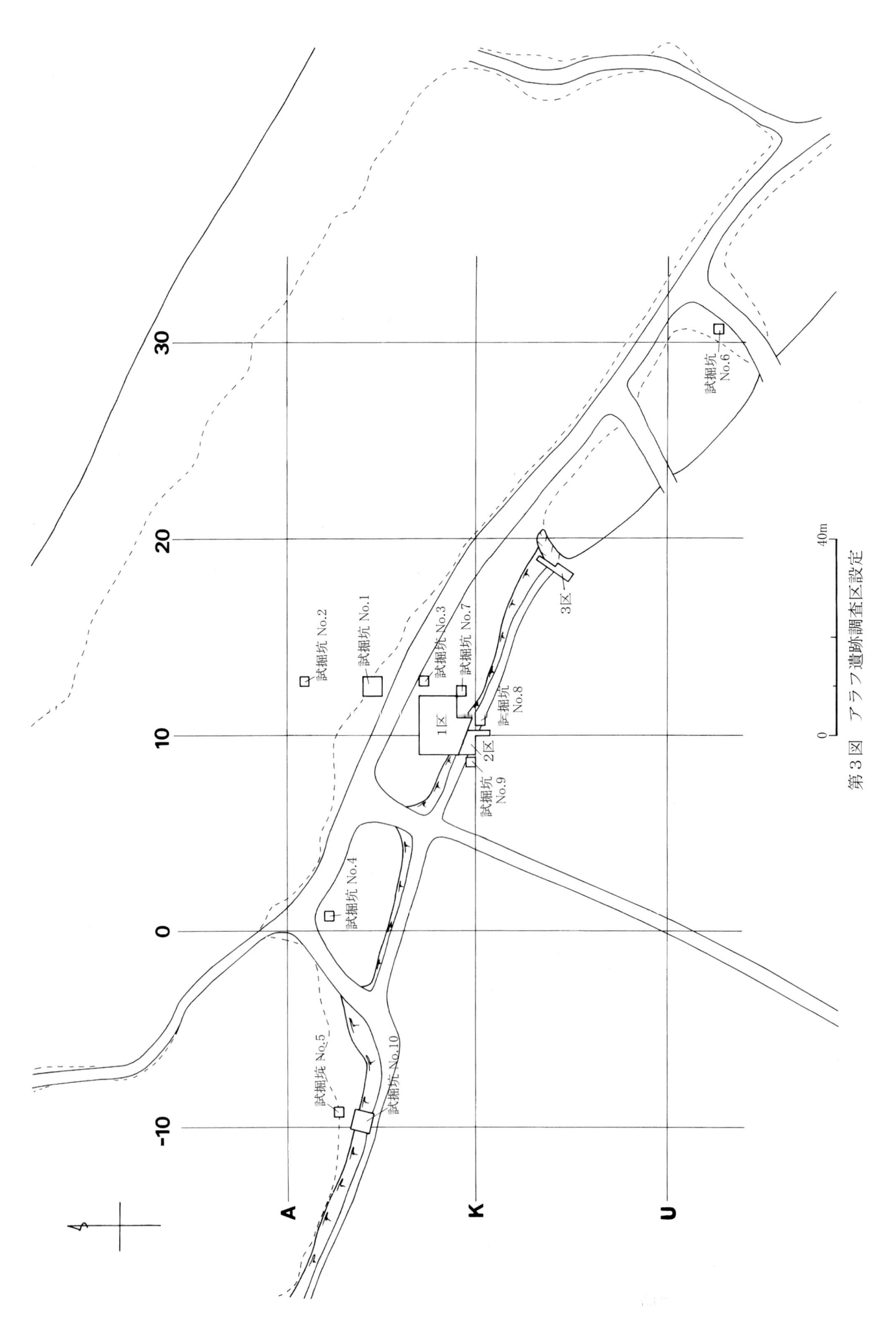

宮古島における最近の調査は15～16世紀頃の平良市住屋遺跡（平良市教育委員会 1999）、17世紀以降の新里東元島遺跡（沖縄県埋蔵文化センター 2003）などの集落址の調査に重点が置かれ、それらの遺跡から出土する滑石製石鍋の宮古島への搬入時期や無土器期から有土器期への移行時期の問題などが主要なテーマとして論じられている（下地 1998）。

　共同研究者である土肥直美はアラフ遺跡の北東に位置する浦底遺跡で「先島における先史時代人骨の発見の試み」というプロジェクトを企画し、2001年度から調査を開始した。2002年の調査ではグスク時代はじめに位置づけられる埋葬人骨と同層から土器片数十点が検出されたが（土肥 2003）、先史時代の埋葬人骨はまだ確認されていない（土肥 2003）。宮古島を含む先島諸島の先史時代は未知の部分が多く残されている。

　宮古島で新たに新石器時代の調査が再開されたことで、近い将来不透明な宮古島の先史時代がより明確になることを望み、アラフ遺跡の調査を継続したいと考えている。

第3節　宮古島の先史時代遺跡（第2図）

　宮古諸島では新石器時代前期の遺跡が1ヶ所。後期の遺跡が4ヶ所確認されている。

　多良間島添道遺跡（第2図－㉕）は下田原式土器が出土する宮古諸島唯一の前期の遺跡である。1991年から1995年まで3次にわたる発掘調査が行われ、礫敷遺構が検出された。また下田原式土器、磨製石斧、敲き石などが出土した。石器に使用された石材は土器同様、八重山諸島からの搬入物であることが確認された（多良間村教育委員会 1993、1996）。

　後期の遺跡は宮古島本島北東海岸の入り江の低砂丘地に位置し、北から長間底遺跡（第2図－⑱）、クマザ遺跡（第2図－㉑）、浦底遺跡（第2図－㉓）、アラフ遺跡（第2図－㉗）の4遺跡が確認されている。

　長間底遺跡は城辺町と平良市との境界にある長間底とよばれる入江の低砂丘地にあり、約1kmの長さの砂丘をもつ入江が形成されている。1983年の発掘調査ではシャコガイ製貝斧（11個）やスイジガイ製利器（4点）、石斧（9点）、磨石（2点）、敲石（3点）などの人工遺物が得られ、宮古諸島ではじめて新石器時代後期として確認された重要な遺跡である（沖縄県教育委員会 1984）。

　浦底遺跡は城辺町の北海岸にある新石器時代後期の遺跡で、1987～1988年に町教育委員会によって発掘調査が行なわれた。長大な海浜に約300×50mの範囲に広がる先史集落跡である。年代は約2500～1800年前である。新石器時代後期の立地環境をもつ。土器を伴わず、集石遺構が100余箇所確認された。また、シャコガイ製貝斧が約200個出土し、注目をあびた遺跡である。貝斧の製作部位がフィリピンから発見されているちょうつがい部利用型と一致することから、文化的関係があるのではないかと指摘された。人工遺物としてシャコガイ製貝斧以外にスイジガイ製利器、イモガイ製円盤状有孔など、豊富な貝製品が出土した。石製品として、石斧、石皿、石環が数点出土したが、すべての石材が宮古島では産出しないことが明らかとなった。当該遺跡発掘調査の結果、南琉球圏は貝斧文化を通して、フィリピンと何らかの関係があるのではないかと指摘された（Asato1990、嵩元他 1993）。

　クマザ遺跡は長間底遺跡と浦底遺跡に挟まれた入り江に位置する砂丘遺跡である。土器、シャコガイ製貝斧が採集されているが、未調査である。

　アラフ遺跡は1981年の沖縄県教育委員会が実施した宮古島の詳細分布調査で確認された遺跡である。広範囲に多量の貝が散布、スイジガイ製利器、オニコブシ製利器などが表面採集されている。新生遺跡として文

化庁遺跡出土地名表に登録されていたが（沖縄県教育委員会1983、上原 1985）、その後の城辺町教育委員会による分布調査で地名が荒牛であることから荒牛遺跡と変更された（城辺町教育委員会 1987）。現在はアラフ遺跡で登録されている。数十点のシャコガイ製貝斧とスイジガイ製利器が表面採集されている。

　以上が宮古諸島において確認された新石器時代の遺跡である。最近、伊良部島渡口の浜で新石器時代後期に位置づけられるシャコガイ製貝斧が表面採集され、紹介された（大濱 2001、岸本 2002）。伊良部島では先史時代に属する遺跡は確認されておらず、すべてグスク時代に属している（沖縄県教育委員会 1983、嵩元 1990）。宮古島本島以外でははじめての採集事例であり、採集地点が遺跡であるかどうかの確認調査が望まれる。

（江上幹幸）

第二章　発掘調査の経過

第1節　調査区の設定（第3図）

　基軸線設定方法は次の通りである。シャコガイ製貝斧が集中して表面採集された地点に、任意点A−0を置き、そこから南に向けて4mおきに東西軸線を、東に向けて同じく4mおきに南北軸線を派生させ、それぞれにアルファベット（大文字）と算用数字を付した。各方眼区の呼称は、その北西角の軸線交点を充てた。調査が進むにつれて、0軸より西に試掘坑を設定することとなったため、0軸から西に向けて負の数を加えた。また、標高基準は新城公民館敷地内にある1級水準点（B.M.48.1m）より導いた。

第2節　調査の経過

　本調査ではアラフ遺跡の発掘調査を実施し、予備調査から第5次調査まで行った。ここでは、この間の調査の概略を記し、調査の成果については第三章で詳述する。

　第1次調査は2000年3月の予備調査で確認した集石遺構（1号集石遺構）を再発掘することから始められた。今回の調査は防潮林内側の道路沿いと、その南側の開墾部を調査地とした。南北二カ所にトレンチを設定し、道路側に6ヶ所の試掘坑を設定した。開墾部に3ヶ所の試掘坑が設定された。開墾部は現在サトウキビ畑として使用されているが、過去は水田が作られていたという。道路側と開墾部は2mの比高差があり、開墾部はⅤ層まで削平されていた。調査は南北の層序の確認と砂丘遺跡での埋葬址の探査に重点が置かれた。9ヶ所の試掘坑を開け、ほとんどで包含層が確認され、かなりの範囲に包含層が広がっていることが明らかとなった。防潮林内での旧砂丘は明確に確認できず、来年度の調査に持ち込まれた。層序の確認調査では集石遺構を伴う文化層が三面あることが確認された。以上の作業と併行して、閉鎖トラバース測量を行った。

　第2次調査では、Ⅶ層がどのような広がりを持つかを目的にグリッドを設定し、調査が行われた。また、約30m離れた畑の東端に試掘坑を入れ、包含層の広がりを確認した。

　第3次調査から第5次調査は1号集石遺構を中心に1区の調査を集中的に実施した。

　以下はその経過報告である。

第1次調査（2000年9月15日〜9月30日）

9月15日
　新城海岸での現場設営と予備調査時の基準杭の確認作業。

9月16日
　予備調査時に行ったⅠ-10・11区の試掘坑を拡張し、4×8mのグリッドを設定。重機でⅡ層まで掘り下げる。遺跡範囲確認のため、E-12区（2×2m）を設定し、重機で掘り下げる。軽石層を確認。埋葬遺構確認のため、遺跡の広範囲にわたって試掘坑（2×2m）をいれることを決定。

9月17日〜19日
　Ⅰ-10・11区のⅢ層上面検出作業。予備調査で確認した1号集石遺構を精査する。併行して地形測量開始。試掘坑No.2（A-12）を新設。J-9の畑による削片部分に試掘を入れ、層序確認を行う。南壁をⅤ層まで分層し、断面実測。

9月20日〜21日
　Ⅰ-10・11区および1号集石遺構を清掃し、写真撮影。平面実測作業に入る。北壁面の堆積層序の分層。試掘坑No.2の南壁・西壁と平面の実測。No.3試掘坑（G-12）設定。掘り下げ開始。砂丘南側壁面のⅢ層に対応する部分から炭、焼石が出土。Ⅴ層下の層序確認のため、J-11試掘坑の設定。

9月22日〜24日
　Ⅰ-10・11 平面実測終了。No.3試掘坑で3号集石遺構を確認。検出作業に入る。埋葬遺構検出のため、試掘坑を入れる（No.4〜7）。焼石を含む層が検出され、写真撮影後、埋め戻す。No.6試掘穴はⅢ層まで攪乱層であると確認。No.8試掘坑（K-12区）の平面実測。J-9区に1×2mのトレンチを設定し、層の確認作業。Ⅶ層より焼石が出土し、第Ⅶ層にも文化層があることを確認。

9月25日〜27日
　No.8試掘坑でⅤ層を確認し、サトウキビ畑側に旧水田の畦と思われる面を検出。Ⅴ層の広がりを確認するために、畑側にNo.9試掘坑を設定。旧水田の畦らしきものが検出され、畑側は水田耕作で攪乱を受けている可能性があることを確認。

9月28日〜29日
　Ⅰ-10・11 北壁と東壁の壁面の実測、サブトレンチ東壁の実測。Ⅲ層は現状のままとし、次回再調査を実施することとした。No.9試掘坑から北側に2m拡張し、Ⅵ層、Ⅶ層を確認。

9月30日
　次回の調査のため土嚢を置き、敷き詰め埋め戻しを行う。撤収。

第2次調査（2000年12月20日〜12月30日）

　第Ⅶ層がどのような広がりを持つかを目的にグリッドを設定し、調査が行われた。また、約30m離れた畑の東端に試掘坑を入れ、包含層の広がりを確認した。

12月20日

現場設営。J－10区を第一次調査面まで掘り下げ、J－8区とJ－9区のグリッド設定。

12月21日～22日

J－10区　一次調査時の養生を取り除き、第Ⅶ層の表面清掃。J－10区からK－10区に1mのトレンチを入れる。K－10区の部分は攪乱層の下に版築状の床土を確認。J－9区　掘り下げ作業。J－9区以西の砂丘南側壁面を清掃。J－10・K－10区　地主からの聞き取りにより田んぼの畦であることが判明。作業を終了。J－9～J－10ライン　断面実測。・J－9　Ⅶ層の検出作業。

12月23日

J－10の西壁断面図。J－9区　Ⅶ層を検出作業。精査。J－9～J－10の畦除去作業。聞き取り調査から得られた情報をもとに、P－18区に試掘坑を設定。

12月24日～26日

J－9区　Ⅶ層の清掃後、写真撮影、平面実測。P－18区　攪乱による落ち込みや白砂層を剥ぎ取り、黒色砂層検出。J－9区北壁（砂丘の南側壁面）に直行するA・Bのトレンチを設定。P－18区　黒色砂層の位置づけを再確認するため、北側に2m×1mのトレンチを設定。V層と思われる黒色土が検出。

12月27日～29日

J－9区　A・Bトレンチを地山の白砂層まで掘り下げ、Ⅶ層が最古の文化層であることを確認。砂丘南側壁面I－9杭を起点として、東側へ23mの地点までの壁面を実測。

12月30日

遺構面に土嚢を敷き詰め、埋め戻した後、撤収。

（砂川正幸・江上幹幸）

第3次調査（2001年11月21日～11月30日、2001年12月19日～12月31日）

11月21日（水）

これまで継続して調査を行っている新城海岸に発掘調査機材を搬入後、第1次調査を行った調査1区を再び空ける。第1次調査時に確認を行ったI－10・11区Ⅲ層の1号・2号・4号・5号集石を再び精査の後、調査区を北に70cm拡張して、4号・5号集石の範囲を確認。

11月22日（木）～24日（土）

1号・2号・4号・5号集石の平面図作成と平行して、隣接するJ－10区西側に2m幅の拡張区を新たに設定し、掘り下げを開始。

11月25日（日）～27日（火）

1号・4号・5号集石の堆積状況を確認するため、I－11区に東西1m幅のサブトレンチを設定し、掘り下げを行う。このトレンチの下層から6号集石が検出され、平面図の作成を行う。この時点では、6号集石はⅢ層下面と認識する。I・J－10区では西側2m幅でV層まで掘り下げを行った。

11月28日（水）～29日（木）

I・J－10区V層の遺物出土状況の平面図を作成。平面図終了後、調査区の養生を行い、機材の片付けを行った。

11月30日（金）

第3次調査日程の一部を終了。

12月19日（水）

　　発掘調査機材の搬入行い、前回終了時に行った、調査1区の養生を取り除いた。

12月20日（木）〜22日（土）

　　隣接するⅠ－9区東側に2mの拡張区を新たに設定し、掘り下げを開始する。この拡張区Ⅱ層から炭化面を検出、さらに土器が出土。Ⅰ－10・11区ではⅢ層下の状況を確認するため、掘り下げを行った。

　　宮路氏が土壌微細形態のサンプリングを行った。

12月23日（日）〜26日（水）

　　時枝氏が1号・4号集石の熱残留磁気のサンプリングを行った。Ⅰ－9区ではⅢ層から7号・8号集石を検出、平面図の作成。Ⅰ－10区ではⅢ層下より9号・10号・11号集石を検出、平面図の作成。

12月27日（木）〜29日（土）

　　Ⅰ－9・10・11区をⅤ層まで掘り下げる。精査の後、1号〜4号竪穴遺構、3号土坑が検出され、平面図の作成を行った。3号・4号竪穴遺構内の灰溜りで熱残留磁気のサンプリングを行った。調査区北壁・西壁の土層断面図を作成。Ⅴ層は上下2層あり、下層のⅤb層から遺構が検出され、Ⅴ層は西から東へ向かって傾斜していることが確認された。

12月30日（日）

　　平面図、土層断面図終了後、土嚢で調査区の養生を行い、機材の片づけを行った。

12月31日（月）

　　第3次調査のすべての日程を終了する。

第4次調査（2002年3月5日〜3月16日）

3月5日（火）〜6日（水）

　　これまで継続して調査を行っている新城海岸に発掘調査機材を搬入後、第3次調査を行った調査1区を再び空ける。

3月7日（水）〜10（日）

　　Ⅴb層下の状況を確認するため、Ⅰ－9・10・11区の掘り下げを行い、Ⅴb層の下にⅤc層を確認する。

　　第3次調査検出の2号〜4号竪穴遺構は床面の状況を確認するため、もう一度精査を行った。

　　J－9・10区では、5号・6号竪穴遺構が検出され、平面図の作成を行った。

　　Ⅶ層以下の状況を確認するため、第2次調査を行ったJ－9区の一部を重機による掘り下げを行った。岩盤まで掘り下げを行った結果、ここではⅦ層以下からは文化層は確認されなかった。

3月11日（月）〜15（金）

　　2号〜4号竪穴遺構の状況を確認するため、調査区を北側に50cm拡張する。その後、平面図の作成を行った。

　　1号竪穴遺構の下から、7号竪穴遺構が検出され、平面図の作成を行った。

　　Ⅰ－10区からはテーブルサンゴが検出された。この状況を広く確認するために、南側を掘り下げる。途中のⅣ層から貝斧が出土したため、掘り下げは中止し、遺物出土状況を図示する。

さらに広く遺跡の状況を確認するため、Ⅰ－9区西側の2mを拡張区として設定し、掘り下げを開始する。Ⅲ層にて遺物出土状況を図示する。

　すべての平面図終了後、土嚢で調査区の養生を行い、機材の片づけを行った。

3月16日（土）

　第4次調査のすべての日程を終了する。

第5次調査（2002年12月12日〜12月31日）

12月12日（木）

　これまで継続して調査を行っている新城海岸に発掘調査機材の搬入を行った。

12月13日（金）〜15日（日）

　これまで調査を行ってきた、調査1区の土嚢を取り除く。その後、前回調査で途中となっていたテーブルサンゴ南側のⅠ・J－10区を掘り下げを行った。

　調査区壁面により全貌を伺うことができなかったⅤb・Ⅴc層の竪穴遺構の状況を確認するため、北側に隣接するH－9・10・11を拡張区と設定した。その後、掘り下げを開始する。

12月16日（月）〜25日（水）

　H－10・11区Ⅲ層から12号・13号・17号集石が検出され、平面図及び断面図を作成する。

　Ⅰ・J－10区ではⅤc層から14号・15号・16号・18号集石が検出され、平面図及び断面図を作成する。

　これまで数回にわたって拡張してきた、調査1区東壁・南壁の土層断面図を作成する。これにより、Ⅲ層・Ⅳ層は北東から南西に向かって傾斜していることが確認された。この傾斜が急であることは当初予想しておらず、調査がより困難なものとなる。

12月26日（木）〜30（月）

　H－10・11区では引き続き12号・13号・17号集石の平面図及び断面図の作成を行った。また、北壁・東壁に沿って、サブトレンチを設定し、Ⅳb層以下の状況を確認する。

　H－9・10区ではⅣb層から貝溜り遺構が検出され、平面図の作成を行った。

　Ⅰ・J－10区では14号・15号・16号・18号集石の図面終了後、テーブルサンゴの半截を行い、平面図・土層断面図を作成する。

　調査1区の残りの北壁・西壁の土層断面図を作成する。

　試掘坑No.10の土層断面図を作成する。

　すべての調査終了後、調査区の養生、機材の片づけを行った。

　第5次調査は天候に恵まれず、予定していたH－9・10・11区Ⅴb層まで調査を行うことができなかった。しかし、雨という天候のため砂の観察が行い易く、Ⅳ層が3つに分層できることが分かり、Ⅳ層にも遺構が存在することが明らかとなった。これにより、第4次調査までⅢ層下面となっていた6号・9号・10号・11号集石はⅣc層の遺構と判明した。

12月31日（火）

　第5次調査のすべての日程を終了する。

（松葉　崇）

第三章　発掘成果

第1節　基本層序

　アラフ遺跡の基本層序は、Ⅰ層からⅧ層まで確認されており、Ⅳ層とⅤ層がさらに3つに分けられる。遺構・遺物はⅡ層からⅥ層で検出され、Ⅶ層も層の特徴から、文化層と捉えることができるだろう。よって、本遺跡ではⅡ層からⅦ層までが文化層と考えられる。砂丘地の遺跡のため、乾燥が早く層序を確認することが困難な状況である。また、各層によって傾斜方向が異なり、その傾斜が急であるため、層序の把握はさらに困難な状況であった。以下、各層の概略を述べる。

表土　現在の砂丘表土層。標高は1区北側が高く約6.00ｍぐらいである。層厚は場所によって異なるが、50cm前後である。

Ⅰ層　褐色砂層で炭化物を含む。遺構・遺物の出土は見られなかった。層厚は約25cmである。

Ⅱ層　灰黄褐色砂層で、貝や礫を疎らに含む。遺構は炭化面が検出された。また、Ⅲ層に近い下面では土器が出土した。土器の放射性炭素年代測定の結果はBP1201±32で、暦年代に較正した年代はcalAD843という年代がでている。また、土器のそばからの炭化物ではBP843±30で、暦年代でcalAD1215という年代がでている。層厚は約20cmである。

Ⅲ層　黒褐色砂層で、この層から主な遺構が検出され始める。集石は上面と下面で検出され、上面で1基、下面で12基検出された。集石の周りはさらに黒色が強くなっている。この層の集石は、まず一つの集石を大きなまとまりとして捉えることができ、さらにその中で、礫の大きさの違いや質の違いなどで、細かく分けることができるという特徴がある。層厚は場所によって異なるが、おおむね30cm前後である。この層の放射性炭素年代測定からはcalAD80という結果が出ている。

Ⅳa層　灰黄褐色砂層でⅣb層に漸次推移する。Ⅲ層下に形成される層だが、全面に見られるのではなく、部分的に確認できる。

Ⅳb層　黄橙色砂層で貝・礫が疎らに散布している。この層からは貝溜り遺構が検出された。Ⅳc層と色調や質感が非常に似ているため、分層が困難である。層厚は場所によって異なり、厚いところでは60cmを超える個所も見られる。

Ⅳc層　黄橙色砂層で貝・礫が疎らに散布している。この層からは4基の集石遺構が検出された。Ⅲ層の集石と比べると、一つ一つの規模は小さいものとなっている。先述のとおり、Ⅳb層と酷似しているため、集石のような遺構が検出されないと、この層の確認が困難な状況である。層厚はⅣb層と同様に場所によって異なり、厚いところでは約80cmの堆積が見られる。

Ⅴa層　にぶい黄褐色砂層でⅤb層に漸次推移する。

Ⅴb層　黒褐色砂層で径3～5mmの石灰岩を多く含み、しまりが強い。また、層一面に貝・礫の散布が見られ、イソハマグリが集中して出土している個所も見られる。獣魚骨も他の層に比べ多いのが特徴である。遺構は竪穴遺構4基、土坑1基が検出された。竪穴遺構の掘り込みは、この層が他の層に比べ

基本土層柱状図

| 表土 |
| Ⅰ層 |
| Ⅱ層 |
| Ⅲ層 |
| Ⅳa層 |
| Ⅳb層 |
| Ⅳc層 |
| Ⅴa層 |
| Ⅴb層 |
| Ⅴc層 |
| Ⅵ層 |
| Ⅶ層 |
| Ⅷ層 |

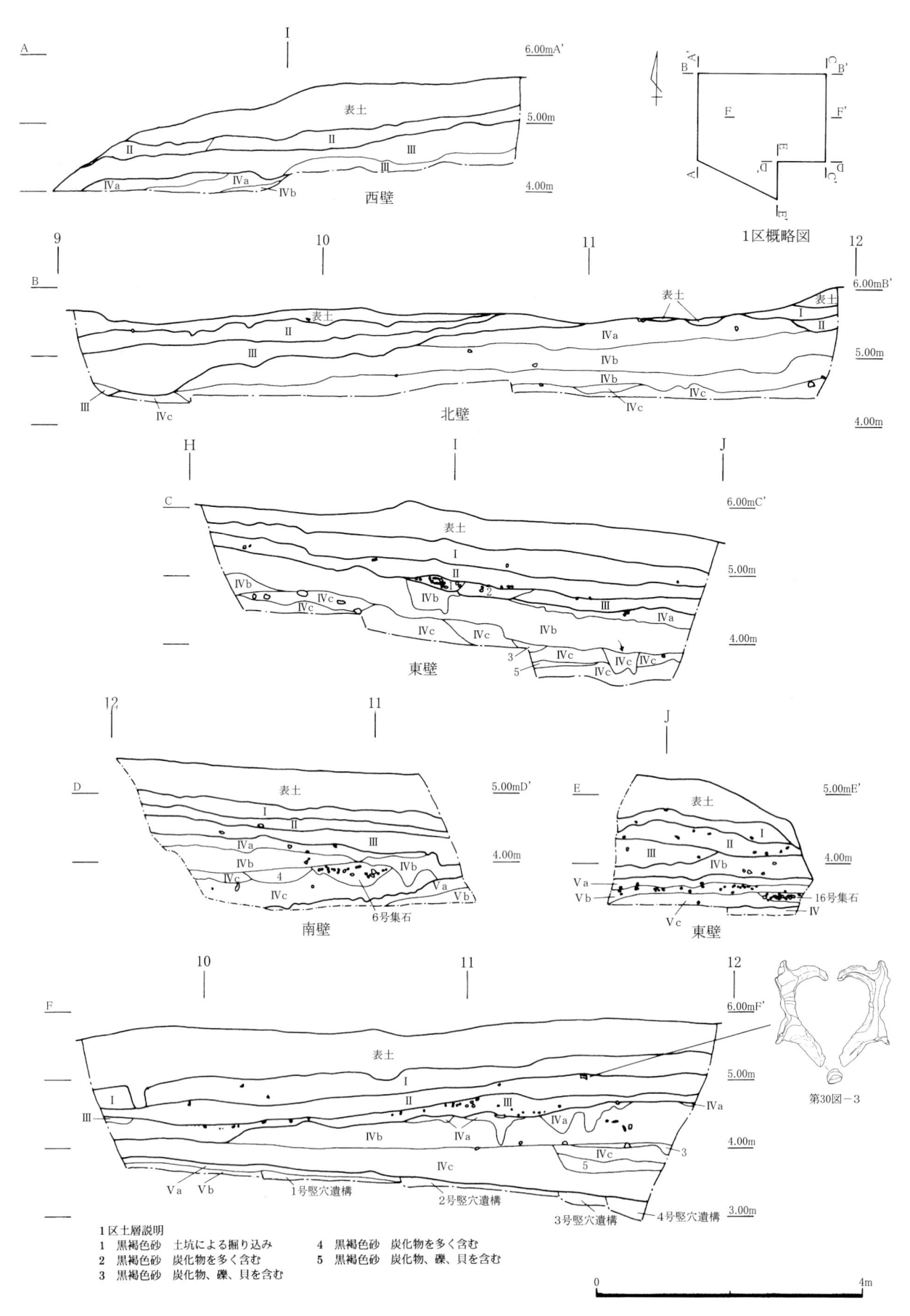

1区土層説明
1　黒褐色砂　土坑による掘り込み
2　黒褐色砂　炭化物を多く含む
3　黒褐色砂　炭化物、礫、貝を含む
4　黒褐色砂　炭化物を多く含む
5　黒褐色砂　炭化物、礫、貝を含む

第4図　1区土層断面図

砂丘南辺

砂丘南辺崖面

砂丘南辺土層説明
1　黒褐色砂　　　　土坑による掘り込み
2　にぶい黄橙色砂　土坑による掘り込み
3　黒褐色砂　　　　炭化物を多く含む、土坑による掘り込み
4　にぶい黄橙色砂　炭化物を含む
5　黒褐色砂　　　　炭化物を多く含む、土坑による掘りこみ

試掘坑 No.10

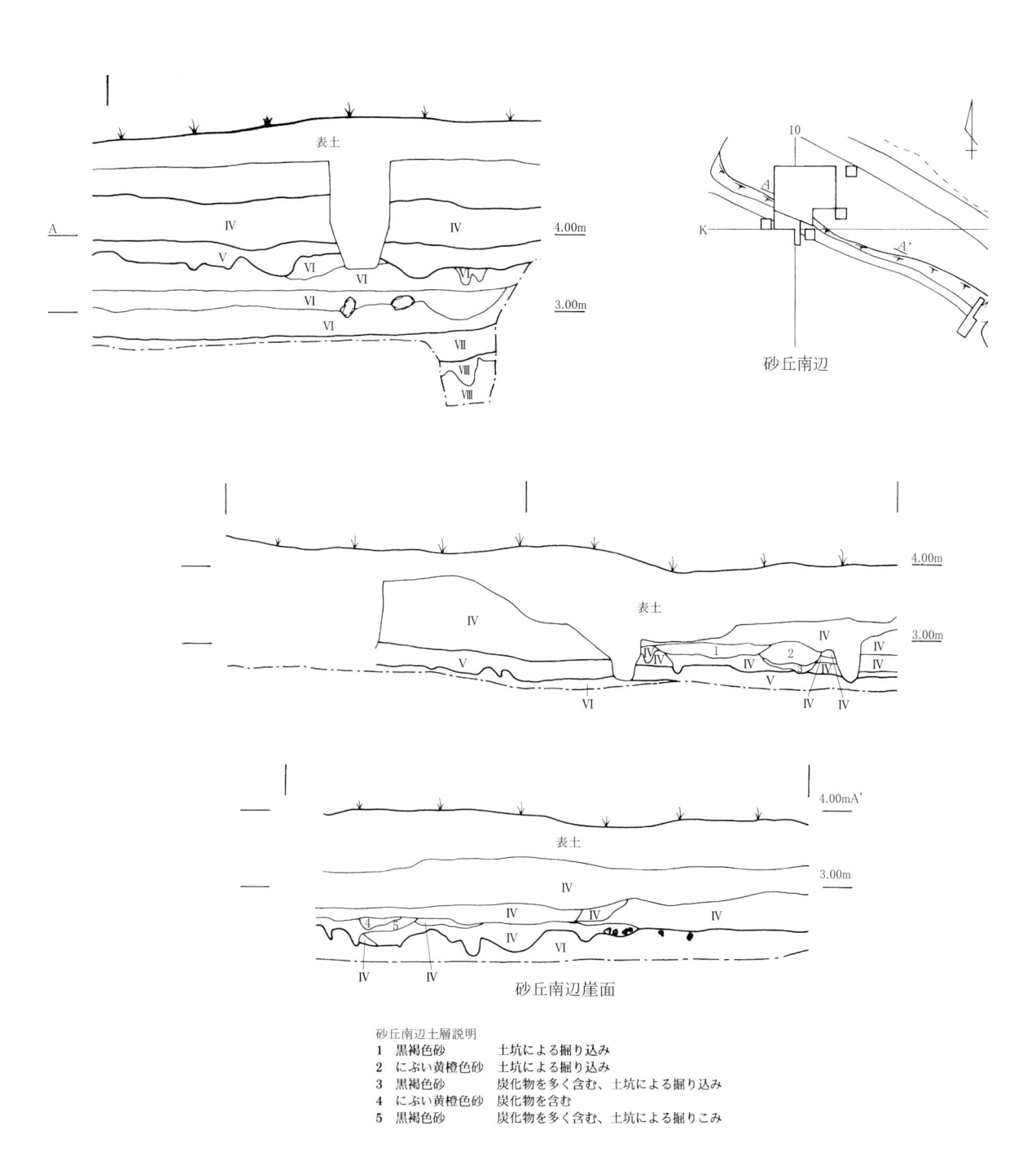

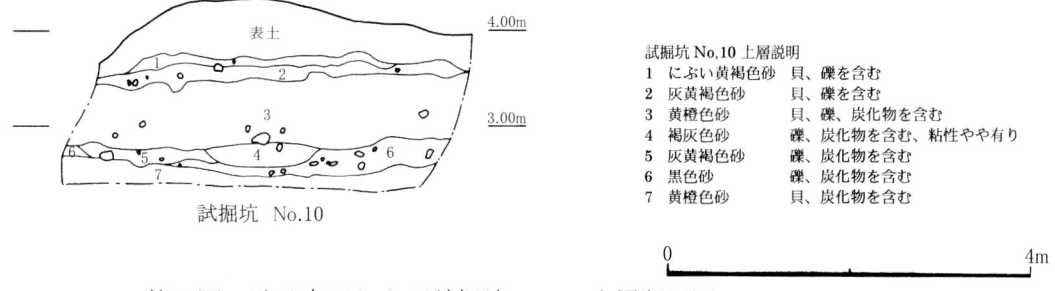

試掘坑 No.10 土層説明
1　にぶい黄褐色砂　貝、礫を含む
2　灰黄褐色砂　　　貝、礫を含む
3　黄橙色砂　　　　貝、礫、炭化物を含む
4　褐灰色砂　　　　礫、炭化物を含む、粘性やや有り
5　灰黄褐色砂　　　礫、炭化物を含む
6　黒色砂　　　　　礫、炭化物を含む
7　黄橙色砂　　　　貝、炭化物を含む

第5図　砂丘南辺および試掘坑 No.10 土層断面図

非常に硬くしまった層であるため、検出が可能となった。竪穴遺構内に見られた灰溜りは、遺構外からも検出されている。層厚は約10cmである。この層の放射性炭素年代測定からはcalBC355という結果が出ている。

Ⅴc層 灰黄褐色砂層でⅤb層と比べるとしまりは弱い。遺構は竪穴遺構3基、集石4基、テーブルサンゴが1基検出された。この層の竪穴遺構は、覆土と周囲の砂との色調の違いから検出が可能となった。集石はⅢ層検出の集石と異なり、一つ一つのまとまりが明確である。また、このうち2基からはレンズ状の掘り込みが確認された。層厚は約20cmである。この層の放射性炭素年代測定からはcalBC390という結果が出ている。

Ⅵ層 黄橙色砂層で遺構は検出されなかった。層厚は約90cmである。

Ⅶ層 黒褐色砂層で貝・礫が多く散布し、貝や礫が集中して検出された個所もある。このⅦ層が、アラフ遺跡において確認された文化層の中で最下層となる。層厚は約30cmである。この層の放射性炭素年代測定からはcalBC900という結果が出ている。

Ⅷ層 浅黄橙色砂層。この層から無遺物層となり、以下岩盤まで続く。

以下、1区、砂丘南辺、試掘坑No.10に見られた層序の特徴を述べる。

1区（第4図） 表土層からⅥ層まで確認できた。調査区北壁・西壁以外では基本層序と同じ堆積が見られる。調査区北壁では地表面ですでにⅣ層が確認できる。これは、起伏の激しいこの砂丘地を後世に整地したためであろう。このように遺物包含層であるⅡ層・Ⅲ層・Ⅳ層が削平されているため、遺物が表採できると考えられる。おそらくアラフ遺跡の各地でこのような整地が行われており、またさとうきび畑の開墾もあり、遺跡全体で表採が行えるのであろう。

1区では表土からⅣ層までが北東から南西に向かって傾斜している。各層によって高低差は異なるものの、Ⅳ層では北東と南西で約1.6mの差があり、かなりの急傾斜となっている。Ⅴ層はこれまでの層とは異なる傾斜が見られ、西から東に向かって傾斜をしている。高低差は約0.7mである。このように各層によって傾斜方向が異なり、さらに急傾斜となっているのが、1区の特徴である。

砂丘南辺（第5図） 遺跡南側のさとうきび畑の開墾によってできた崖面で土層観察を行った。ここでは表土・Ⅲ層からⅧ層まで確認できた。第2次調査の段階ではⅣ層は単一の層として捉えていたため、基本層序のような細分は行っていない。表土の厚さは場所によって大きく異なり、その下にⅢ層・Ⅳ層が確認された。1区より東では表土下がⅣ層となっており、これは表土による攪乱が激しく、Ⅲ層の確認が困難なためである。Ⅲ層が確認できなかったのは攪乱によるものなのか、なお慎重な検討が必要である。

表土からⅣ層において1区のような傾斜は見られない。Ⅴ層では西から東への傾斜が確認でき、これは1区と同じ方向で傾斜しており、Ⅴ層全体が西から東へ向かって傾斜しているといえるだろう。Ⅵ層においても西から東への傾斜が見られ、1区の状況と合わせると、Ⅳ層とⅤ層の間で大きく傾斜の方向が変わっていることが伺える。

試掘坑No.10（第5図） 遺跡の範囲を確認するためにD・E−11・-10区に試掘坑No.10を設定した。3の黄橙色砂層がⅣ層とⅥ層のどちらに対応し、6の黒色砂層がⅤ層とⅦ層のどちらに対応するのかは、各層の傾斜の激しいこの遺跡では、ここだけの試掘坑では判断ができない。1区とのつながりを確認するための試掘坑を設定する必要があるだろう。6では集石と思われる礫の集中が確認された。Ⅴ層かⅦ層かは確定していないが、遺跡がここまで広がっていることは確かなことである。

（松葉　崇）

第2節　検出遺構

1）Ⅱ層の遺構（第6図）

炭化面（第6図）　Ⅰ-9、Ⅱ層中で検出。規模は長軸94cm、短軸63cm、深さ80cm。遺物は出土していない。

2）Ⅲ層上面の遺構（第7図～第8図）

7号集石（第7図）　Ⅰ-9、Ⅲ層上面で検出。明瞭な掘り込みは確認できなかった。検出された礫は全てサンゴ石灰岩であり、平均6cm台の礫が主体である。集石内には明瞭な焼土層及び被熱面は確認されていない。集石のほぼ中央ではサラサバテイが検出された。共伴遺物として貝は、チョウセンサザエ完形が4点と2片、シャコガイ1片、クモガイ1片、スイジガイ1片、マガキガイ1片、マイマイ1片がある。獣魚骨は出土していない。規模は長軸65cm、短軸34cm。礫の総点数は25点、総重量は3745g。

3）Ⅲ層下面の遺構（第9図～第13図）

1号集石（第12図）　Ⅰ-11、Ⅲ層下面で検出。掘り込みを伴う。検出された礫の多くはサンゴ石灰岩であり、平均4cm台の礫が主体である。集石内には明瞭な焼土層及び被熱面は確認されていない。掘り方の平面形態は不整円形を呈し、土層断面は皿状を呈す。土層は黒褐色砂の単層であるが、その下層に1層の影響あるいは雨水による二次的な変色と考えられる層が見られる。共伴遺物として貝は、チョウセンサザエ完形が1点と12片、サラサバテイ14片、淡水巻貝4片、マイマイ15片、不明8片が検出された。獣魚骨では魚類28点、カメ類1点、イノシシ2点、オオコウモリ2点である。特筆すべきことに砂質片岩1片が、微小ながらも唯一本遺構から検出された。その法量は長辺30mm、短辺25mm、厚さ10mm、重量5gである。規模は長軸97cm、短軸77cm、深さは13cm。礫の総点数は293点、総重量は20706g。

2号集石（第12図）　Ⅰ-10、Ⅲ層下面で検出。明瞭な掘り込みは確認できなかった。検出された礫の多くはサンゴ石灰岩であり、平均6cm台の礫が主体である。集石内には明瞭な焼土層及び被熱面は確認されていない。共伴遺物はなし。規模は長軸63cm、短軸56cm。礫の総点数は25点、総重量は2555g。

4号集石（第13図）　Ⅰ-10・11、Ⅲ層下面で検出。明瞭な掘り込みは確認できなかった。検出された礫の多くはサンゴ石灰岩であり、平均4cm台の礫が主体である。集石内には明瞭な焼土層及び被熱面は確認されていない。本集石は土層断面からは明瞭な切り合いは確認できないが、礫の大きさと分布の傾向から3つのグループに分けられる。4号集石aは10cm台の礫を中心としたグループで、集石bは礫が疎らに集まるグループで、集石cは比較的小型の礫を中心としたグループである。共伴遺物として貝は、チョウセンサザエ11片、サラサバテイ完形が2点と5片、シャコガイ2片、クモガイ1片、タカラガイ1片、スイジガイ1片、アマオブネ類1片、マイマイ41片が検出された。獣魚骨では魚類57点、カエル2点、カニ類1点、イノシシ6点、ヘビ類6点である。規模は集石aでは長軸64cm、短軸54cm、集石bでは長軸85cm、短軸71cm、集石cでは長軸135cm、短軸87cm。礫の総点数は303点、総重量は15631g。

炭化面

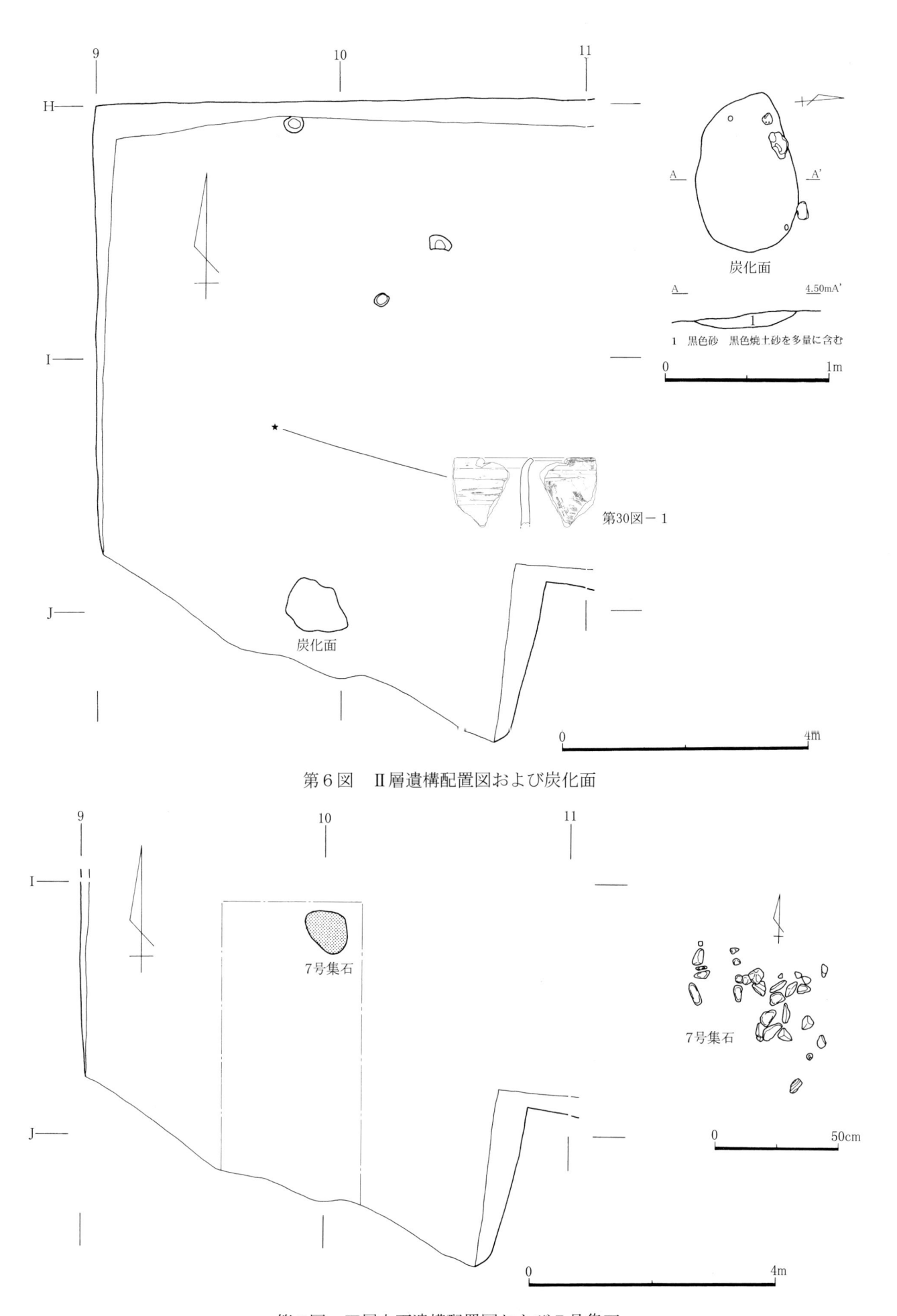

1 黒色砂　黒色焼土砂を多量に含む

第30図-1

第6図　Ⅱ層遺構配置図および炭化面

炭化面

7号集石

第7図　Ⅲ層上面遺構配置図および7号集石

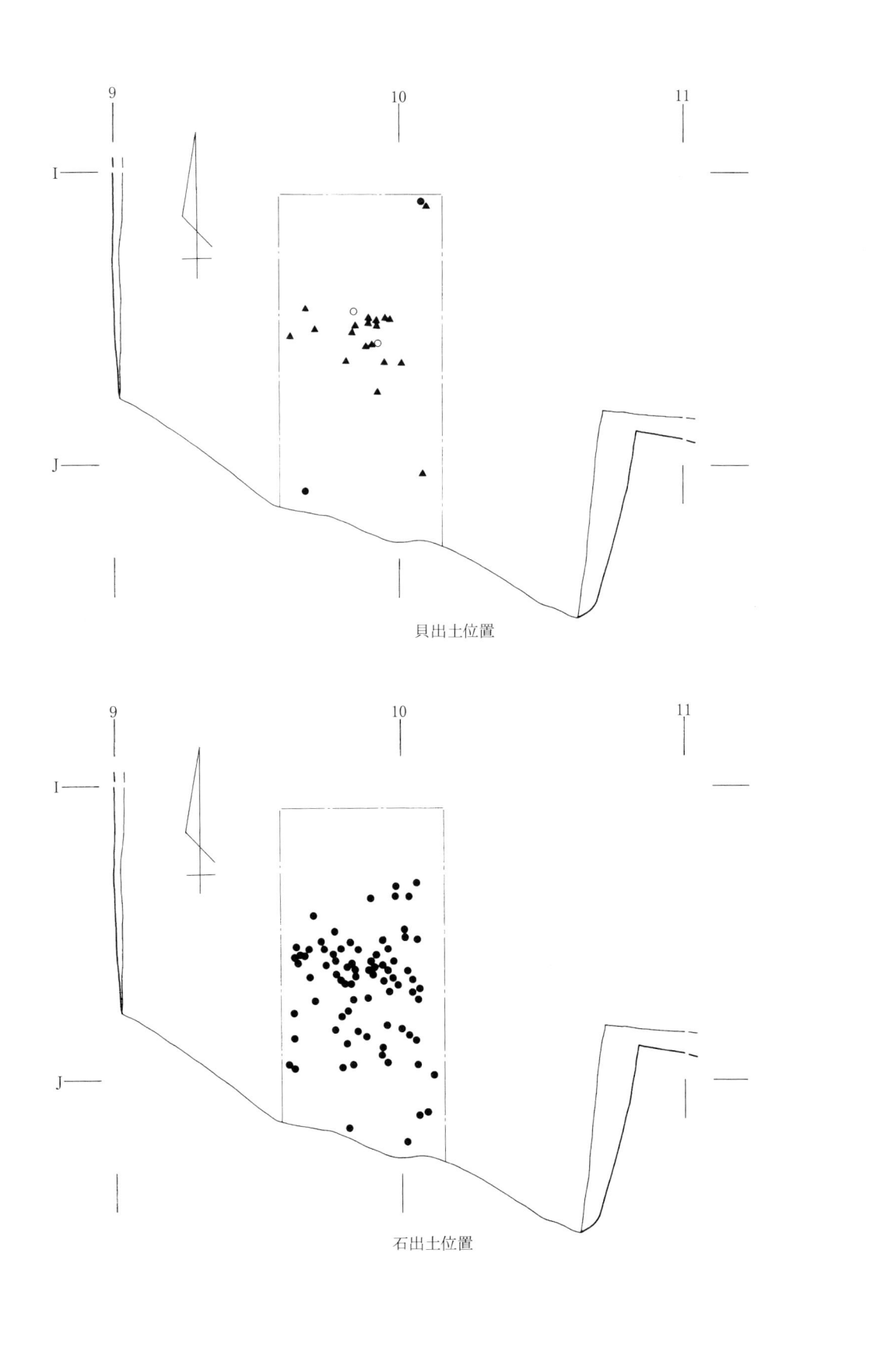

貝出土位置

石出土位置

第8図　Ⅲ層上面遺物出土位置図

第9図　Ⅲ層下面遺構配置図

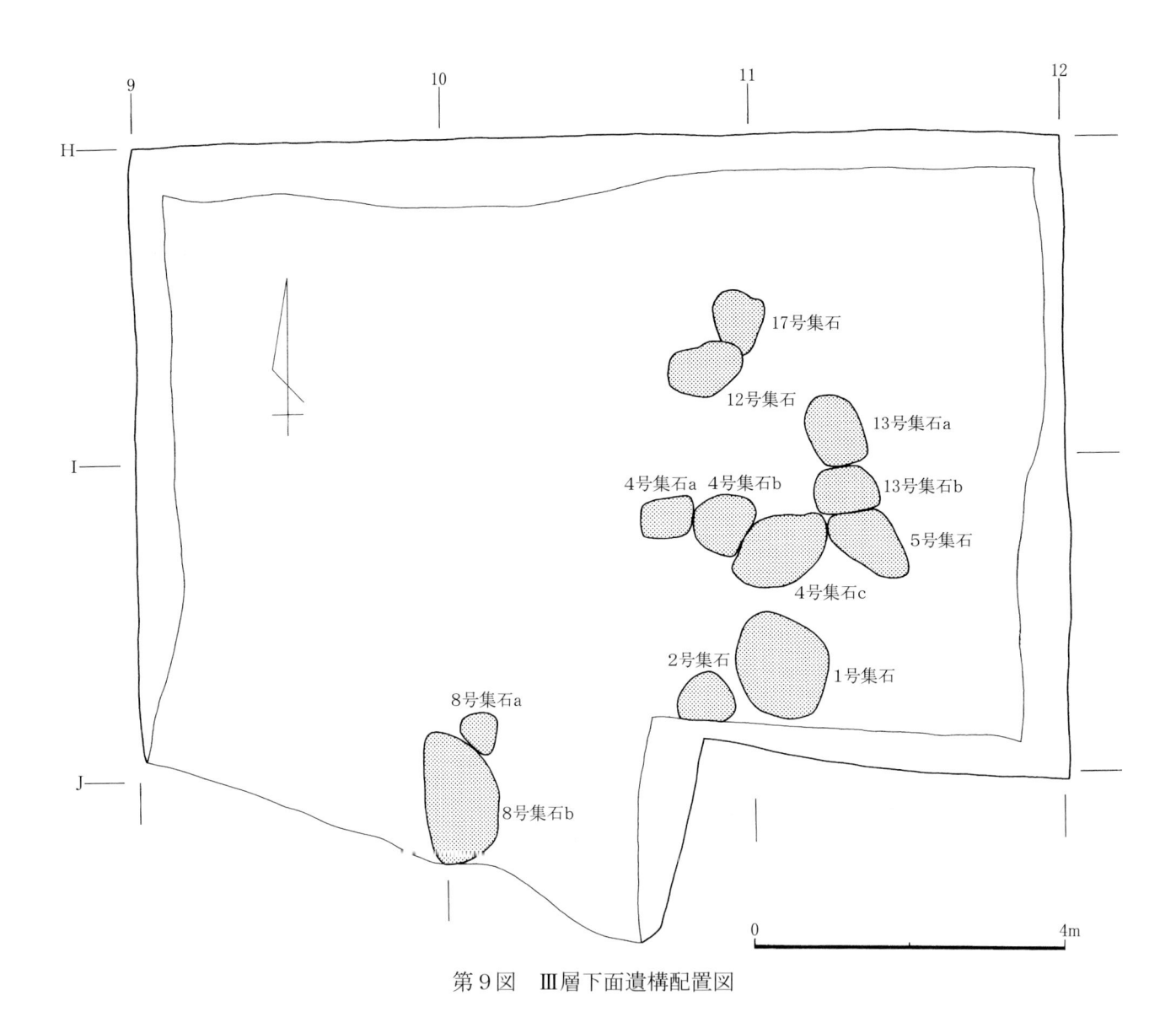

5号集石（第13図）　Ⅰ－11、Ⅲ層下面で検出。明瞭な掘り込みは確認できなかった。検出された礫の多くはサンゴ石灰岩であり、平均5cm台の礫が主体である。集石内には明瞭な焼土層及び被熱面は確認されていない。共伴遺物として貝は、チョウセンサザエ完形が4点と15片、サラサバテイ完形が4点と10片、アマオブネ類1片、マイマイ完形が16点と7片が検出された。獣魚骨では魚類5点のみである。規模は長軸120cm、短軸75cm。礫の総点数は111点、総重量は9431ｇ。

8号集石（第13図）　Ⅰ－10、Ⅲ層下面で検出。明瞭な掘り込みは確認できなかった。検出された礫はサンゴ石灰岩であり、平均5cm台の礫が主体である。集石内には明瞭な焼土層及び被熱面は確認されていない。礫の分布の傾向から2つのグループに分けられる。8号集石ａと集石ｂの間には礫が広がらない場所があり、ここでわけられる可能性がある。集石ａの長軸のほぼ中央からサラサバテイが検出された。共伴遺物として貝は、チョウセンサザエ完形が2点と3片、サラサバテイ完形が1点と9片、シャコガイ完形が1点と2片、タカラガイ完形が1点と8片、アマオブネ類5片、サメザラガイ2片、イソハマグリ8片、レイシガイ類完形1点、微小貝完形21点が検出された。獣魚骨では魚類34点、カエル8点、イノシシ3点、その他2点であ

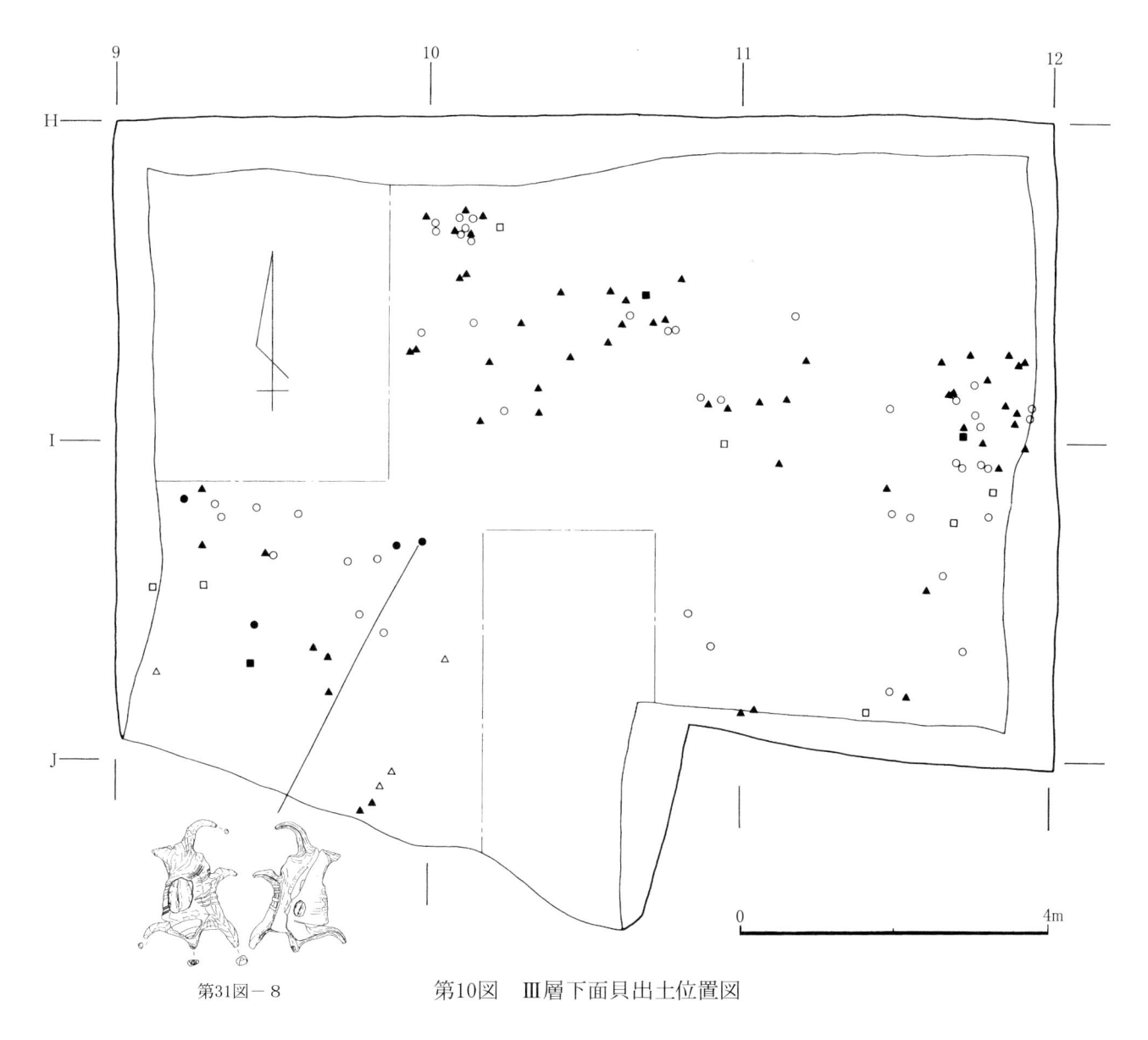

第31図-8　　　　　第10図　Ⅲ層下面貝出土位置図

る。規模は集石aでは長軸44cm、短軸43cm、集石bでは長軸138cm、短軸86cm。礫の総点数は69点、総重量は6308g。

12号集石（第13図）　H-10、Ⅲ層下面で検出。掘り込みをともない、17号集石を切る。検出された礫の多くはサンゴ石灰岩であり、平均6cm台の礫が主体である。集石内には明瞭な焼土層および被熱面は確認されていない。掘り方の平面形態は楕円形を呈し、土層断面は不整形を呈する。土層は黒褐色砂の単層であるが、その下層にⅠ層の影響あるいは雨水による二次的な変色と考えられる層が見られる。共伴遺物として貝は、チョウセンサザエ33片、サラサバテイ3片、ギンタカハマ1片、シャコガイ1片、イモガイ1片、クモガイ2片、二枚貝2片、アマオブネ類10片、微小貝42片、巻貝1片、マイマイ20片、不明6片が検出された。獣魚骨は現在同定中である。規模は長軸98cm、短軸63cm、深さは19cm。礫の総点数は210点、総重量は27629g。

13号集石（第13図）　H-11、Ⅲ層下面で検出。一部に掘り込みを伴う。検出された礫の多くはサンゴ石

― 21 ―

第11図　Ⅲ層下面石出土位置図

1　黒褐色砂　炭化物を多く含む
2　灰黒色砂　炭化物を多く含む

1号集石

2号集石

第12図　Ⅲ層下面集石（1）

― 22 ―

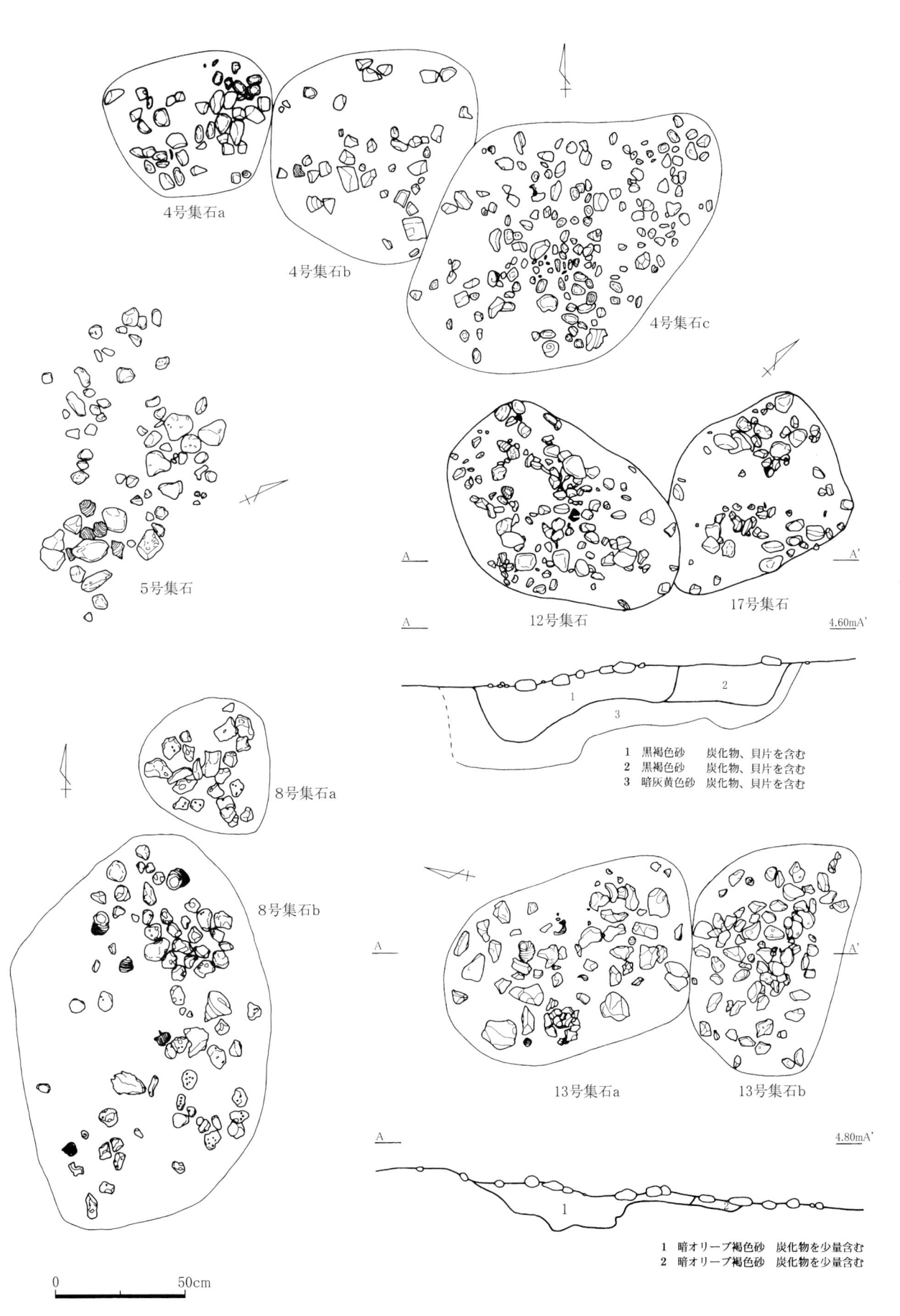

4号集石a
4号集石b
4号集石c

5号集石

12号集石
17号集石

8号集石a

8号集石b

13号集石a
13号集石b

4.60mA'

1 黒褐色砂　炭化物、貝片を含む
2 黒褐色砂　炭化物、貝片を含む
3 暗灰黄色砂　炭化物、貝片を含む

4.80mA'

1 暗オリーブ褐色砂　炭化物を少量含む
2 暗オリーブ褐色砂　炭化物を少量含む

0　　50cm

第13図　Ⅲ層下面集石（2）

灰岩であり、平均5cm台の礫が主体である。集石内には明瞭な焼土層及び被熱面は確認されていない。掘り方の平面形態は不整円形を呈し、土層断面は不整形を呈す。本集石は土層断面からは明瞭な切り合いは確認できないが、礫の大きさと分布の傾向から2つのグループに分けられる。13号集石aは10cm台の礫を中心としたグループで、集石bは5cm台の礫を中心としたグループである。共伴遺物として貝は、チョウセンサザエ26片、サラサバテイ5片、シャコガイ2片、タカラガイ1片、クモガイ2片、オニコブシ1片、巻貝2片、二枚貝1片、アマオブネ類10片、微小貝32片、マイマイ2片、不明27片が検出された。獣魚骨は現在同定中である。人工遺物ではスイジガイ製利器が出土した。規模は集石aでは長軸98cm、短軸65cm、深さは16cm、集石bでは長軸86cm、短軸58cm。礫の総点数は321点、総重量は35893g。

17号集石（第13図）　H-10、Ⅲ層下面で検出。掘り込みをともない、12号集石に切られる。検出された礫の多くはサンゴ石灰岩であり、平均5cm台の礫が主体である。集石内には明瞭な焼土層及び被熱面は確認されていない。掘り方の平面形態は不整円形を呈し、土層断面は皿状を呈する。土層は黒褐色砂の単層であるが、その下層にⅠ層の影響あるいは雨水による二次的な変色と考えられる層が見られる。共伴遺物として貝は、チョウセンサザエ2片、サラサバテイ2片、キバタケ完形1点が検出された。獣魚骨は現在同定中である。規模は長軸84cm、短軸71cm、深さは14cm。礫の総点数は30点、総重量は2580g。

4）Ⅳb層の遺構（第14図～第15図）

貝溜まり遺構（第15図）　H-9・H-10で検出。H-9とH-10のほぼ全面に貝が分布していたことから、貝溜まり遺構とした。貝溜まり遺構は上下2面に分けられ、分布範囲が若干異なる。調査にあたっては、H-9とH-10に1m×1mの小区を設定し、さらに50cmメッシュを張ってグリッドの細分化をおこない遺物をとりあげた。上面は貝がH-9の西側からH-10の東側に広がるのに対し、下面の分布範囲は小さい。規模は、確認面で上面の長軸が約2.0m、短軸が約1.8m、下面は長軸約1.9m、短軸約1.7mであった。

　出土した貝の総点数は1181点である。このうち主体となる貝は、チョウセンサザエ（最大個数594点、最小個体数137点）とサラサバテイ（最大個数422点、最小個体数224点）である。そのほかに個数の多い貝として、シャコガイ類（最大個数43点）、クモガイ（最大個数26点）、ギンタカハマ（最大個数13点）、スイジガイ（最大個数7点）と陸産貝類がある。このグリッドから出土した海産貝は小型のものも含めて、すべてサンゴ礁域に棲息するものである。

　上面については、H-9のチョウセンサザエ207点（最大個数）、サラサバテイ75点（最大個数）に対して、H-10はチョウセンサザエが56点（最大個数）、サラサバテイが85点（最大個数）を占める。特にH-9-7区の南西側からは、チョウセンサザエが101点（最大個数）と、集中して出土した。

　人工遺物としては、H-9からは東側でスイジガイ製利器片1点、シャコガイ製貝斧1点、北東側でシャコガイ製利器1点、北側でクチベニツキガイ製の貝刃1点が、H-10からは北西側でクモガイ製利器1点、南西側でシャコガイ製品1点が出土している。シャコガイ製品は、H-9のベルト南側落ち込みからも1点出土している。

　下面については、H-9からチョウセンサザエ320点（最大個数）、サラサバテイ254点（最大個数）と集中して出土しているのに対して、H-10はチョウセンサザエが11点（最大個数）、サラサバテイが8点（最大個数）と極端に少ない。

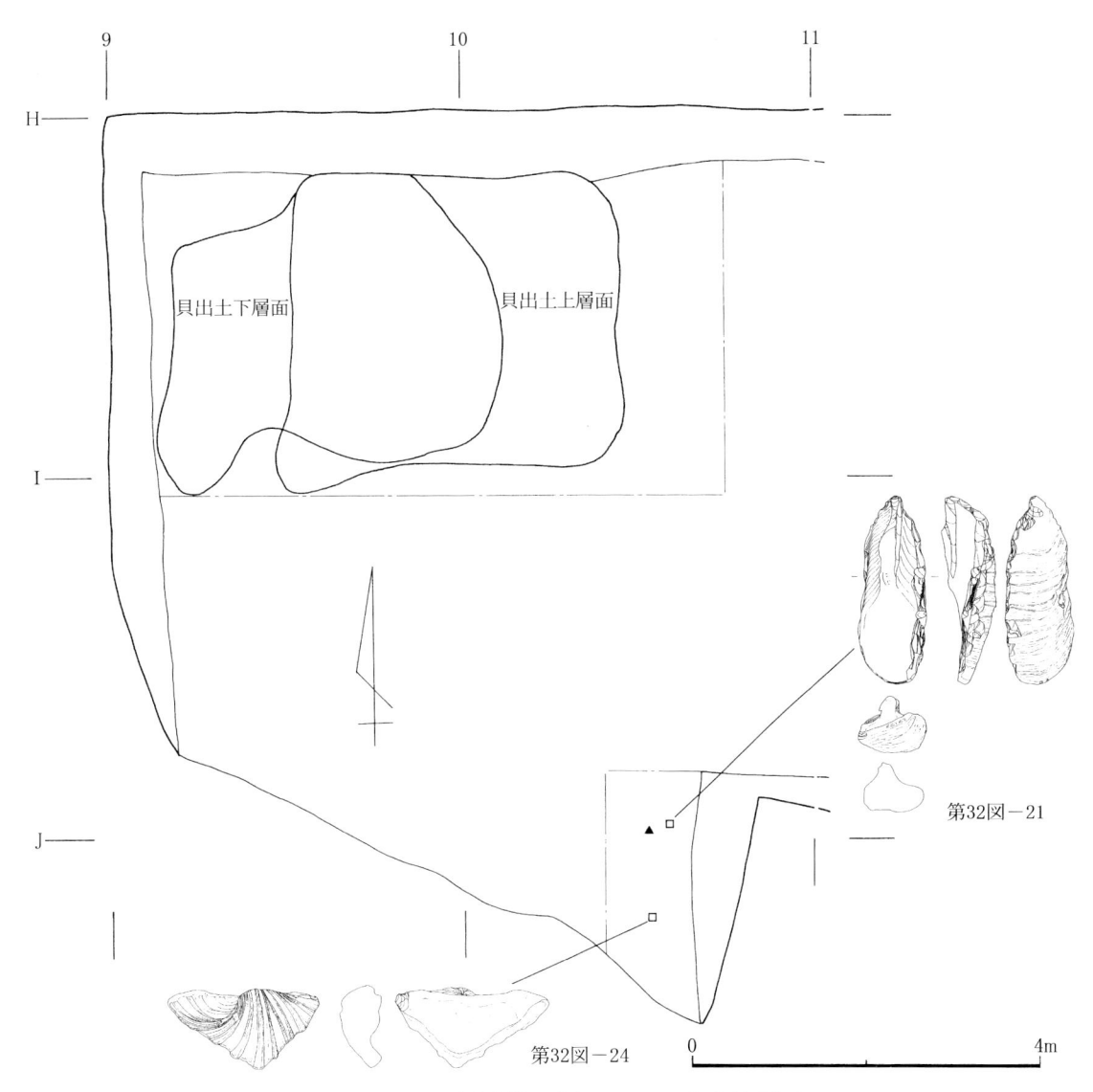

第14図　Ⅳb層遺構配置および貝出土位置図

　人工遺物としては、上面で貝斧が出土したH-9の東側からサメザラガイの貝刃が1点得られている。
　このほか上下面からは、サンゴ石灰岩の円礫77点、角礫119点、鍾乳石片1点、軽石11点、サンゴ片13点、枝サンゴ片6点が得られている。また、獣骨と魚骨が少量出土しており現在同定中である。

5）Ⅳc層の遺構（第16図～第19図）

　6号集石（第19図）　Ⅰ-11、Ⅳc層中で検出。掘り込みを伴う。検出された礫の多くはサンゴ石灰岩であり、平均4cm台の礫が主体である。集石内には明瞭な焼土層及び被熱面は確認されていない。掘り方の平面形態は本集石が調査区外まで広がっていたために確認できなかった。土層断面は不整形を呈す。共伴遺物として貝は、チョウセンサザエ9片、サラサバテイ1片、アマオブネ類1片、微小貝完形1点、マイマイ21片、不明5片が検出された。獣魚骨は出土していない。
　規模は確認できた範囲で長軸50cm、短軸19cmであった。礫の総点数は132点、総重量は5125gであった。

チョウセンサザエ集中地

第32図-23

第32図-19

第32図-22

第32図-20

上層

下層

0　　　　1m

第15図　Ⅳb層貝溜まり

— 26 —

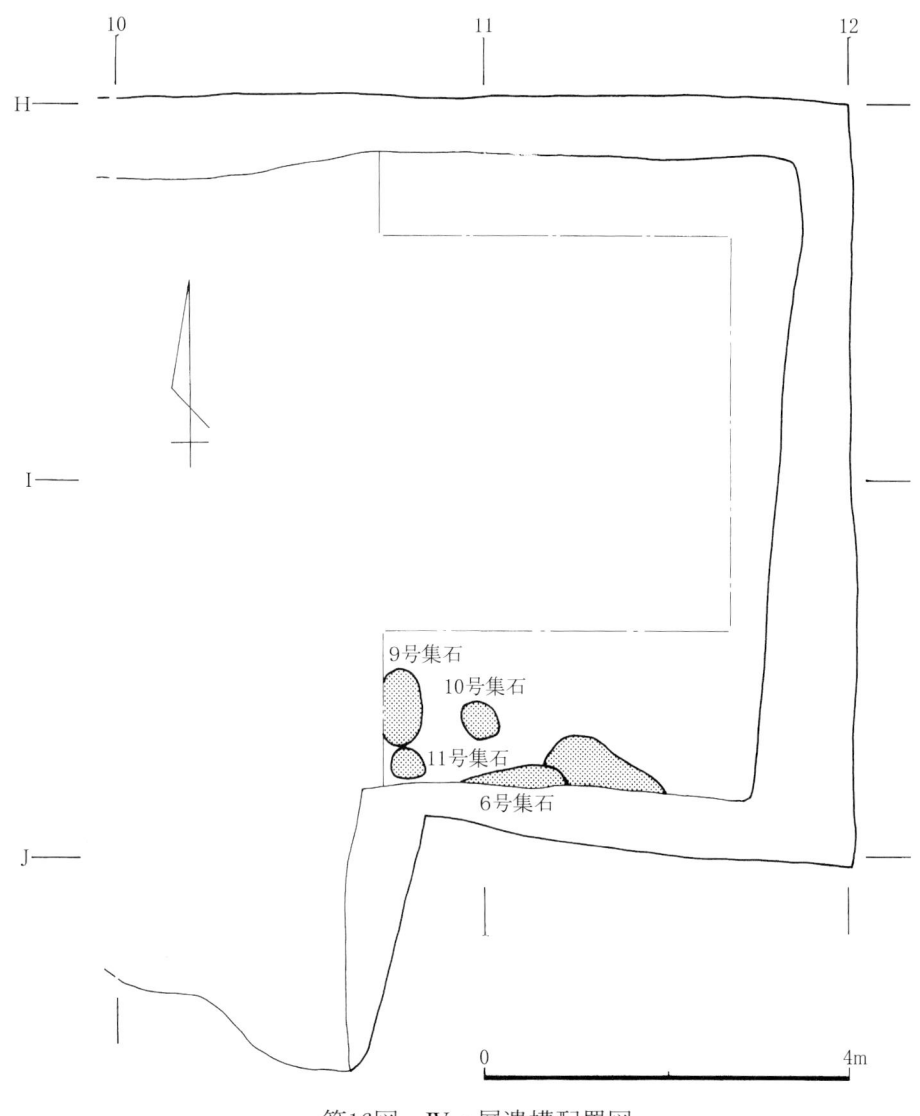

第16図　Ⅳc層遺構配置図

　9号集石（第19図）　Ⅰ－10、Ⅳc層中で検出。明瞭な掘り込みは確認できなかった。検出された礫の多くはサンゴ石灰岩であり、比較的小形の礫が主体である。集石内には明瞭な焼土層及び被熱面は確認されていない。共伴遺物として貝は、現時点では不明である。獣魚骨は魚類92点、カエル3点、イノシシ1点、ヘビ類10点である。規模は長軸75cm、短軸42cm。

　10号集石（第19図）　Ⅰ－10、Ⅳc層中で検出。明瞭な掘り込みは確認できなかった。検出された礫の多くはサンゴ石灰岩であり、5cm台の礫が主体である。集石内には明瞭な焼土層及び被熱面は確認されていない。共伴遺物として貝は、現時点では不明である。獣魚骨は魚類6点、ヘビ類1点である。規模は長軸41cm、短軸27cm。

　11号集石（第19図）　Ⅰ－10、Ⅳc層中で検出。明瞭な掘り込みは確認できなかった。検出された礫の多くはサンゴ石灰岩であり、比較的小型の礫が主体である。集石内には明瞭な焼土層及び被熱面は確認されて

第17図　Ⅳc層貝位置図

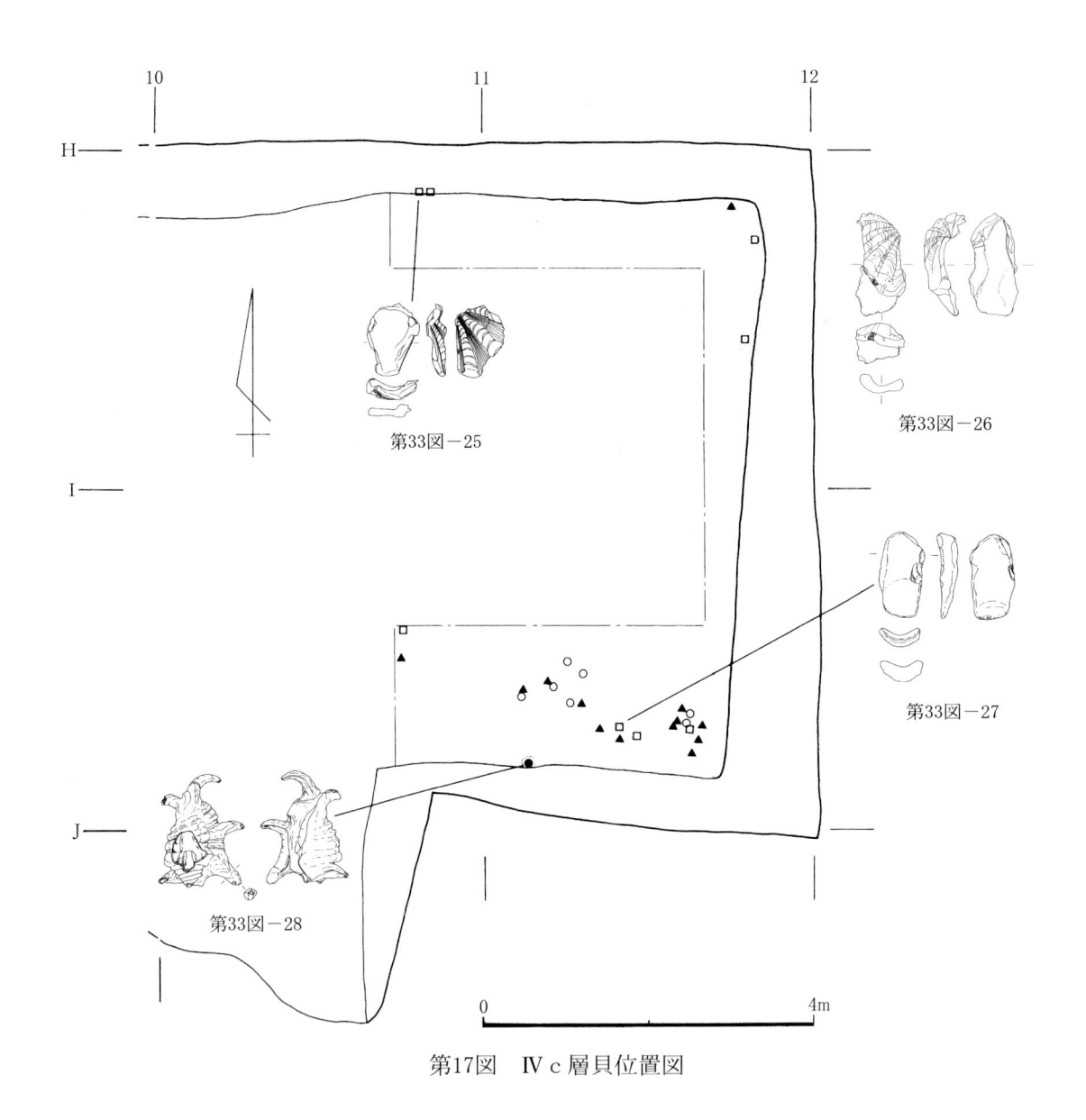

いない。共伴遺物として貝は、現時点では不明である。獣魚骨は出土していない。

　規模は長軸33cm、短軸25cm。

6）Ｖｂ層遺構（第20図〜第22図）

　1号竪穴遺構（第22図）　Ⅰ-10、Ｖｂ層中で検出。2号竪穴遺構に切られる。調査区外にまで伸びていたため全容の確認ができなかった。

　規模は確認できた範囲で長軸212cm、短軸61cm、深さ10cm。シャコガイの近くに10cm大の礫が出土している。

　2号竪穴遺構（第22図）　Ⅰ-10・11、Ｖｂ層中で検出。1号竪穴遺構を切り、3号竪穴遺構に切られる。調査区外にまで伸びているため全容の確認ができなかった。規模は確認できた範囲で長軸204cm、短軸197cm、深さ10cm。本遺構に伴うと考えられる遺構として灰溜りが4個所検出された。1号灰溜りは長軸74cm、64cm、深さ21cmで平面形は不整円形を呈し、土層断面は皿状を呈する。土層は灰黄色砂の単層で、石灰質の礫

— 28 —

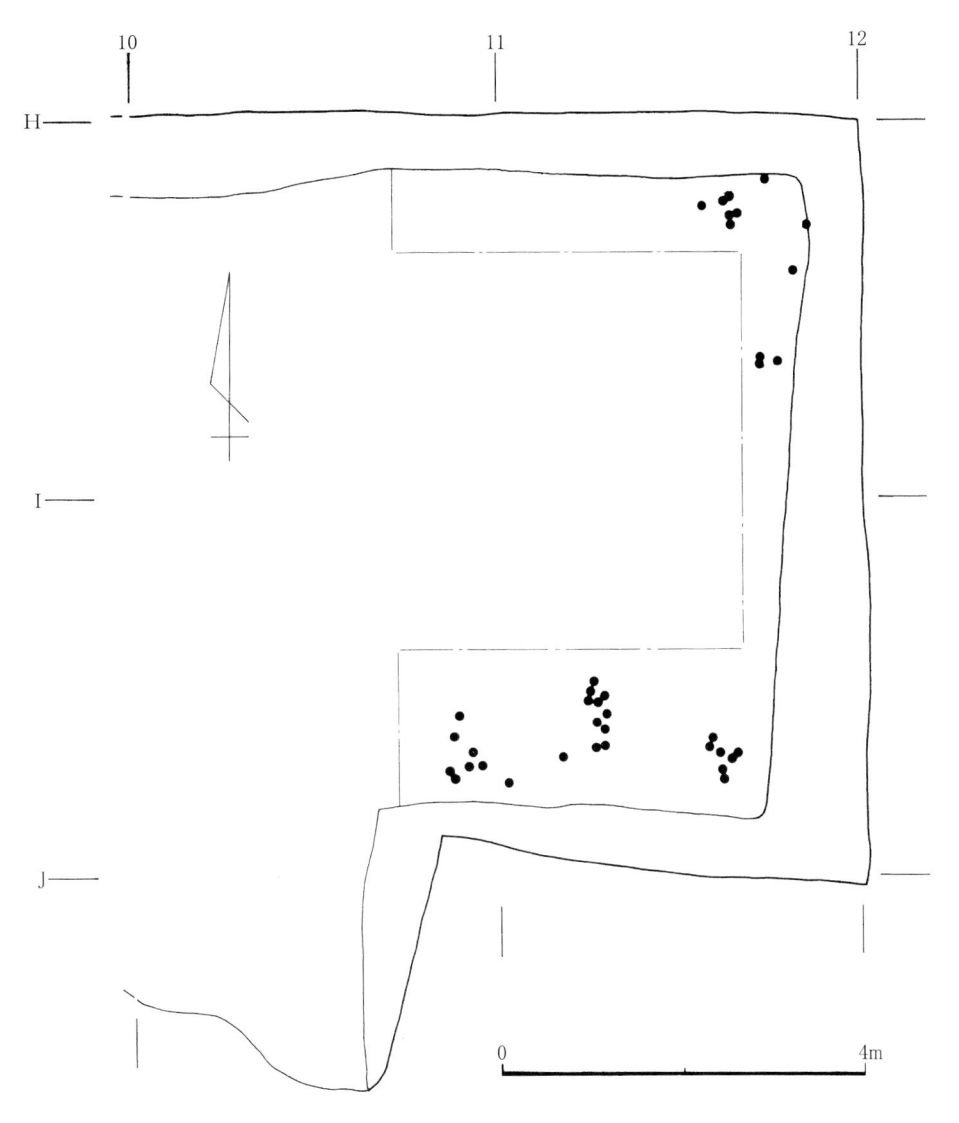

第18図　Ⅳc層石出土位置図

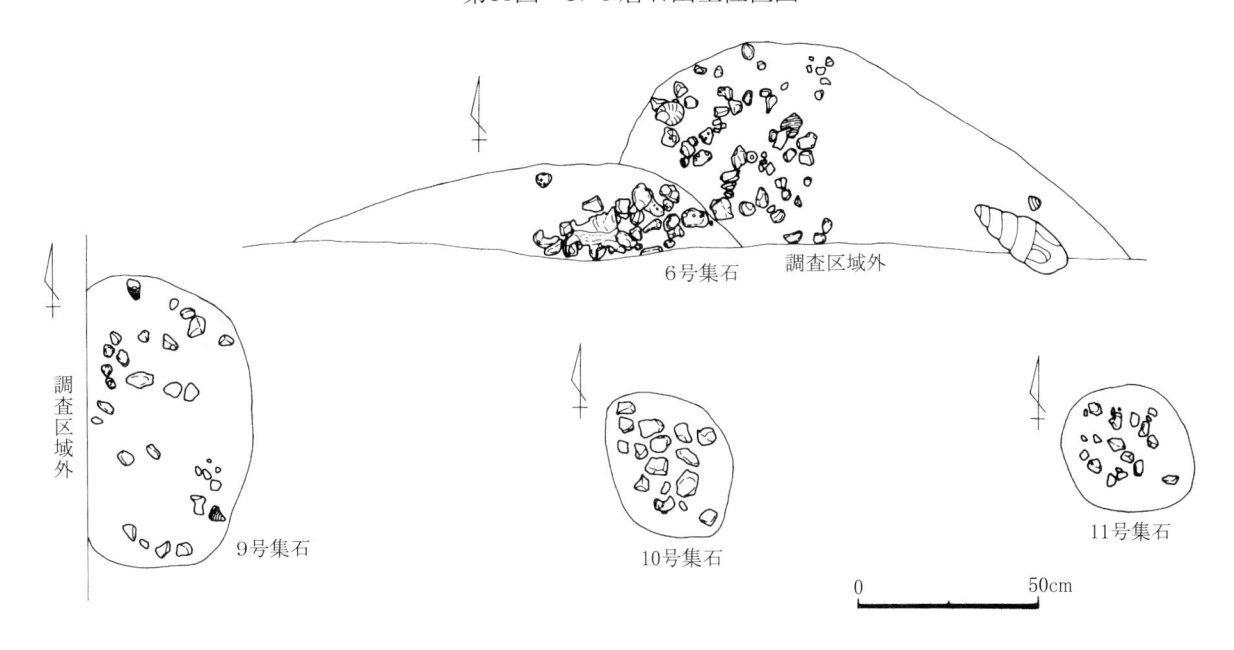

第19図　Ⅳc層集石

6号集石　調査区域外

調査区域外

9号集石　　10号集石　　11号集石

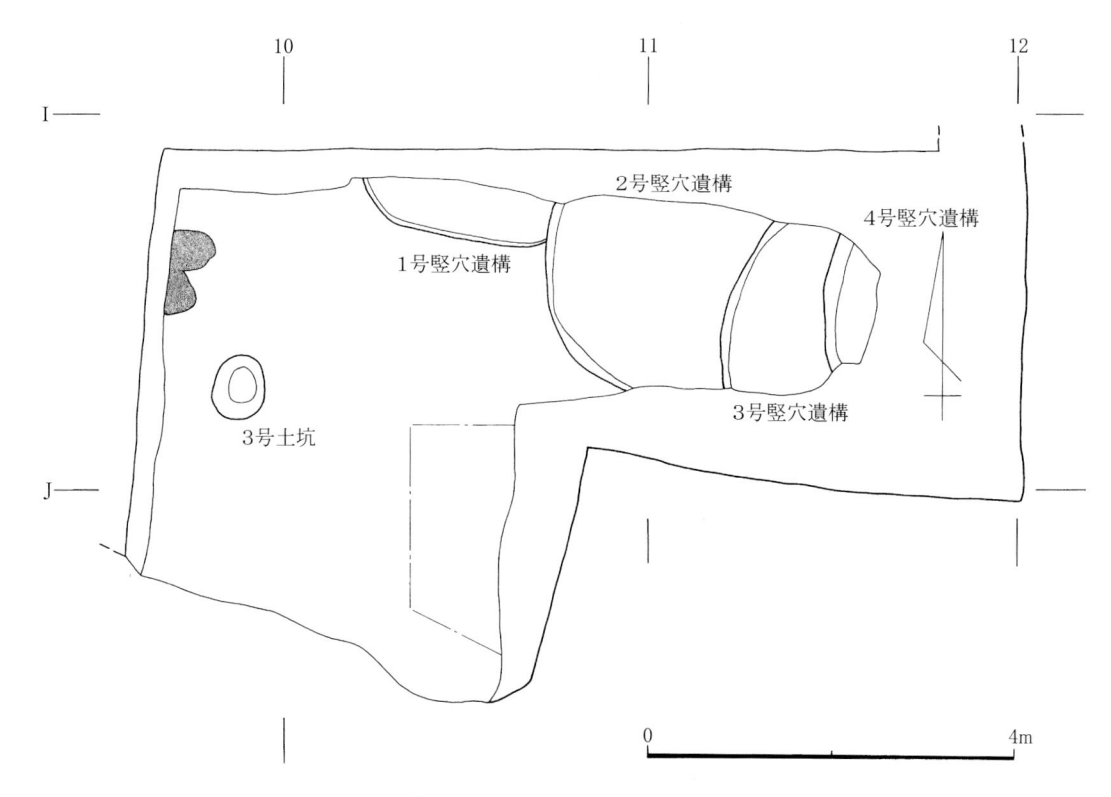

第20図　Ｖｂ層遺構配置図

が混入する。2号灰溜りは長軸18cm、短軸16cmで平面形は円形を呈する。3号灰溜りは長軸38cm、短軸28cmで平面形は楕円形を呈する。4号灰溜りは3号竪穴遺構に切られている。確認できる範囲で長軸46cm、短軸16cm。シャコガイの近くに10cm大の礫が出土している。

3号竪穴遺構（第22図）　Ⅰ-11、Ｖｂ層中で検出。2号竪穴遺構を切り、4号竪穴遺構に切られる。調査区外にまで伸びているため全容の確認ができなかった。規模は確認できた範囲で長軸181cm、短軸104cm、深さは10cm。本遺構に伴うと考えられる遺構として灰溜りが2個所検出された。5号灰溜りは長軸25cm、短軸24cmで平面形は不整円形を呈し、隣接して25×40cm以上と考えられる珊瑚石灰岩が検出された。6号灰溜りは調査区外まで伸びているために全容は確認できなかったが、確認できる範囲で長軸47cm、短軸17cmであった。

4号竪穴遺構（第22図）　Ⅰ-11に位置する。Ｖｂ層中で検出。3号竪穴遺構に切られる。調査区外にまで伸びているため全容の確認ができなかった。規模は確認できた範囲で長軸123cm、短軸56cm、深さは10cm。本遺構に伴うと考えられる遺構として灰溜りが1個所検出された。7号灰溜りは長軸23cm、15cmで平面形は楕円形を呈する。シャコガイの近くに20cm大の礫が出土している。

3号土坑（第22図）　Ⅰ-9、Ｖｂ層中で検出。平面形態は楕円形を呈し、土層断面は皿状を呈す。土層は1層が黒褐色砂、2層が灰黄褐色砂であった。規模は長軸69cm、短軸59cm、深さは18cm。2層中の土坑のほぼ中央からサラサバテイが検出された。

第34図-37

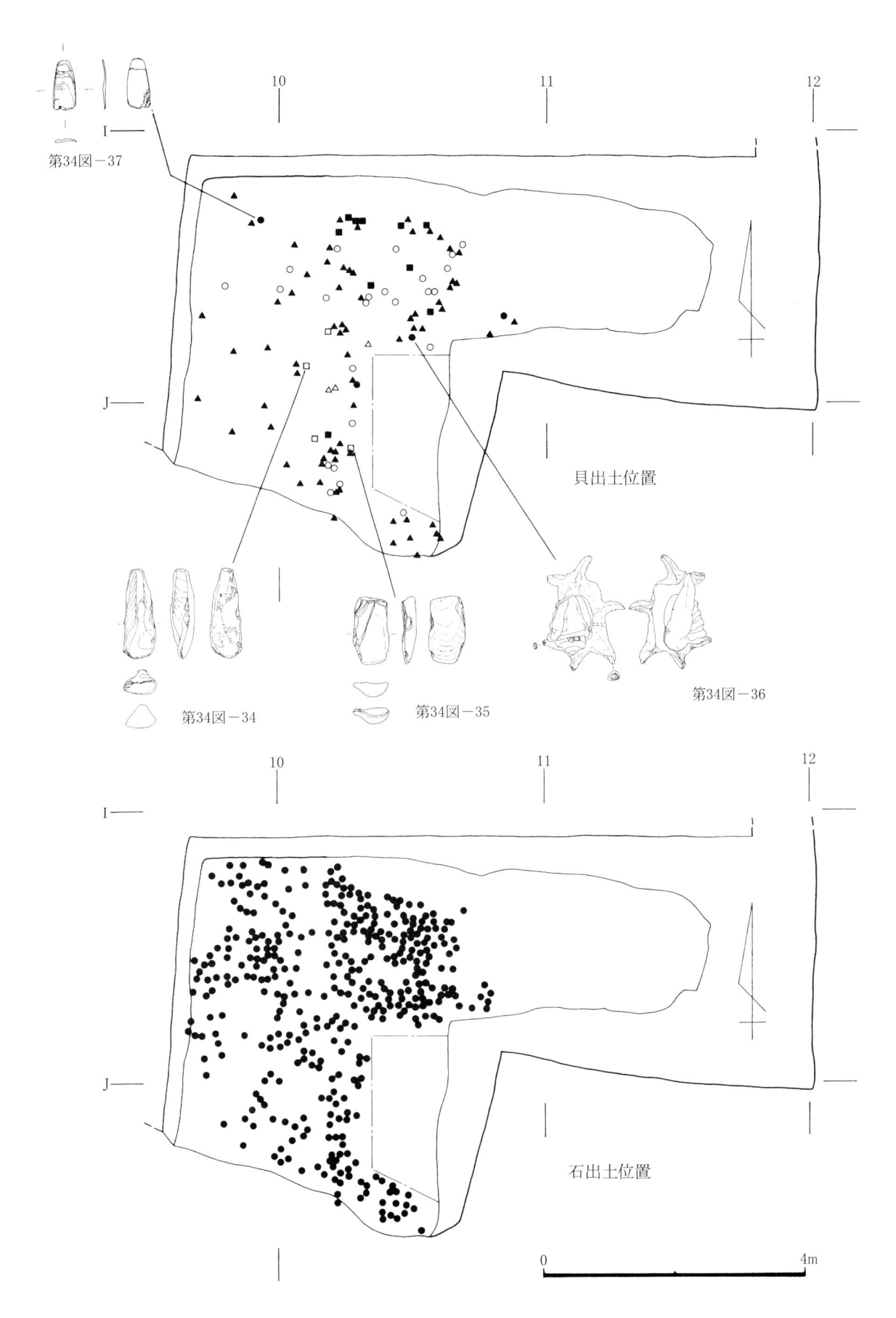

貝出土位置

第34図-34　第34図-35　第34図-36

石出土位置

0　　　4m

第21図　Ｖb層遺物出土位置図

― 31 ―

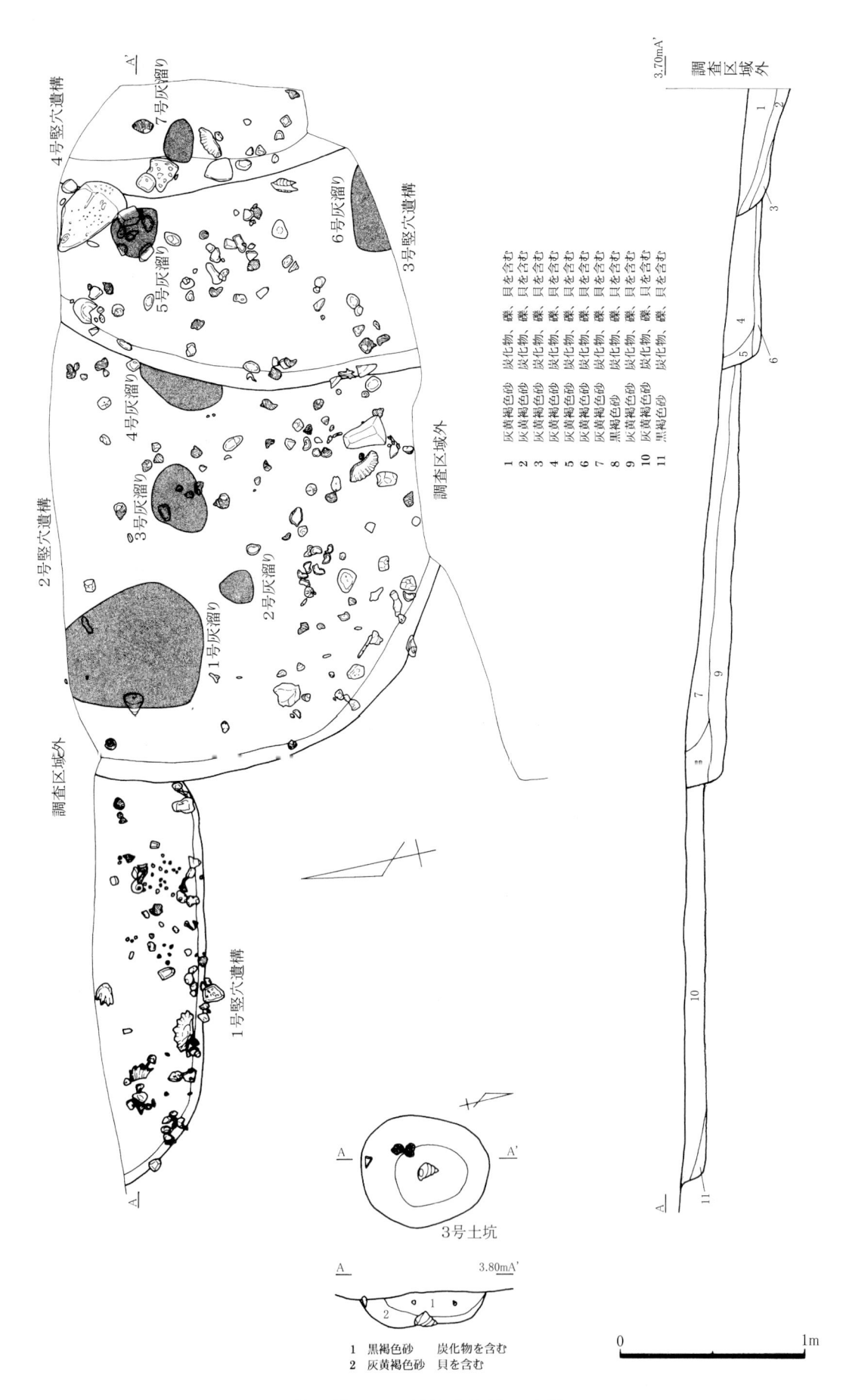

1 灰黄褐色砂 炭化物、礫、貝を含む
2 灰黄褐色砂 炭化物、礫、貝を含む
3 灰黄褐色砂 炭化物、礫、貝を含む
4 灰黄褐色砂 炭化物、礫、貝を含む
5 灰黄褐色砂 炭化物、礫、貝を含む
6 灰黄褐色砂 炭化物、礫、貝を含む
7 灰黄褐色砂 炭化物、礫、貝を含む
8 黒褐色砂 炭化物、礫、貝を含む
9 灰黄褐色砂 炭化物、礫、貝を含む
10 灰黄褐色砂 炭化物、礫、貝を含む
11 黒褐色砂 炭化物、礫、貝を含む

3号土坑

1 黒褐色砂 炭化物を含む
2 灰黄褐色砂 貝を含む

第22図　Ｖｂ層竪穴遺構、土坑

― 32 ―

7）Ⅴc層の遺構（第23図～第26図）

14号集石（第26図）　Ｊ－10、Ⅴc層で検出。掘り込みを伴う。検出された礫の多くはサンゴ石灰岩であり、平均4cm台の礫が主体である。集石内には明瞭な焼土層及び被熱面は確認されていない。掘り方の平面形態は本集石が調査区外まで広がっていたために全容が確認できなかった。土層断面についても同様である。共伴遺物として貝は、チョウセンサザエ6片、シャコガイ完形1点と1片、クモガイ3片、イソハマグリ1片、微小貝4片、マイマイ11片が検出された。獣魚骨は現在同定中である。規模は確認できた範囲では長軸72cm、短軸42cm、深さは14cm。礫の総点数は164点、総重量は11440ｇ。

15号集石（第26図）　Ｊ－10、Ⅴc層中で検出。明瞭な掘り込みは確認できなかった。検出された礫の多くはサンゴ石灰岩であり、平均4cm台の礫が主体である。集石内には明瞭な焼土層及び被熱面は確認されていない。共伴遺物として貝は、チョウセンサザエ完形2点、シャコガイ1片、イソハマグリ3片、マイマイ8片が検出された。獣魚骨は現在同定中である。規模は確認できた範囲では長軸34cm、短軸25cm。礫の総点数は27点、総重量は1365ｇ。

16号集石（第26図）　Ｊ－10、Ⅴc層中で検出。掘り込みを伴う。検出された礫の多くはサンゴ石灰岩であり、平均4cm台の礫が主体である。集石内には明瞭な焼土層及び被熱面は確認されていない。掘り方の平面形態は不整円形を呈し、土層断面は中央部付近で落込みが見られる。土層は2層に分けられ、1層は黒色砂で本集石の覆土と考えられる。共伴遺物として貝は、チョウセンサザエ完形が2点と8片、サラサバテイ完形が1点と3片、シャコガイ3片、クモガイ2片、マイマイ17片、不明3片が検出された。獣魚骨は現在同定中である。集石のほぼ中央からサラサバテイが検出された。規模は長軸77cm、短軸74cm、深さは33cm。礫の総点数は509点、総重量は22411ｇ。

18号集石（第26図）　Ｉ－10、Ⅴc層中で検出。明瞭な掘り込みは確認できなかった。検出された礫の多くはサンゴ石灰岩であり、平均4cm台の礫が主体である。集石内には明瞭な焼土層及び被熱面は確認されていない。共伴遺物として貝は、チョウセンサザエ完形1点と10片、サラサバテイ完形1点と2片、シャコガイ2片、巻貝1片、イソハマグリ1片、微小貝3片、マイマイ5片、不明1片が検出された。獣魚骨は現在同定中である。集石のほぼ中央からサラサバテイが検出された。規模は長軸80cm、短軸75cm。礫の総点数は119点、総重量は6400ｇ。

5号竪穴遺構（第25図）　Ｊ－10、Ⅴc層中で検出。6号竪穴遺構に切られる。調査区外にまで伸びていたため全容の確認ができなかった。規模は確認できた範囲で長軸159cm、短軸135cm、深さは10cm。本遺構に伴うと考えられる遺構としてピットが1穴検出された。1号ピット調査区外まで伸びているために全容は確認できなかった。規模は確認できた範囲では長軸50cm、短軸38cm、深さ11cm。

6号竪穴遺構（第25図）　Ｊ－10、Ⅴc層中で検出。5号竪穴遺構を切る。調査区外にまで伸びているため全容の確認ができなかった。規模は確認できた範囲で長軸164cm、短軸140cm、深さは20cm。本遺構に伴うと考えられる遺構としてピットが2穴検出された。2号ピットは3号ピットに切られ、規模は確認できる範

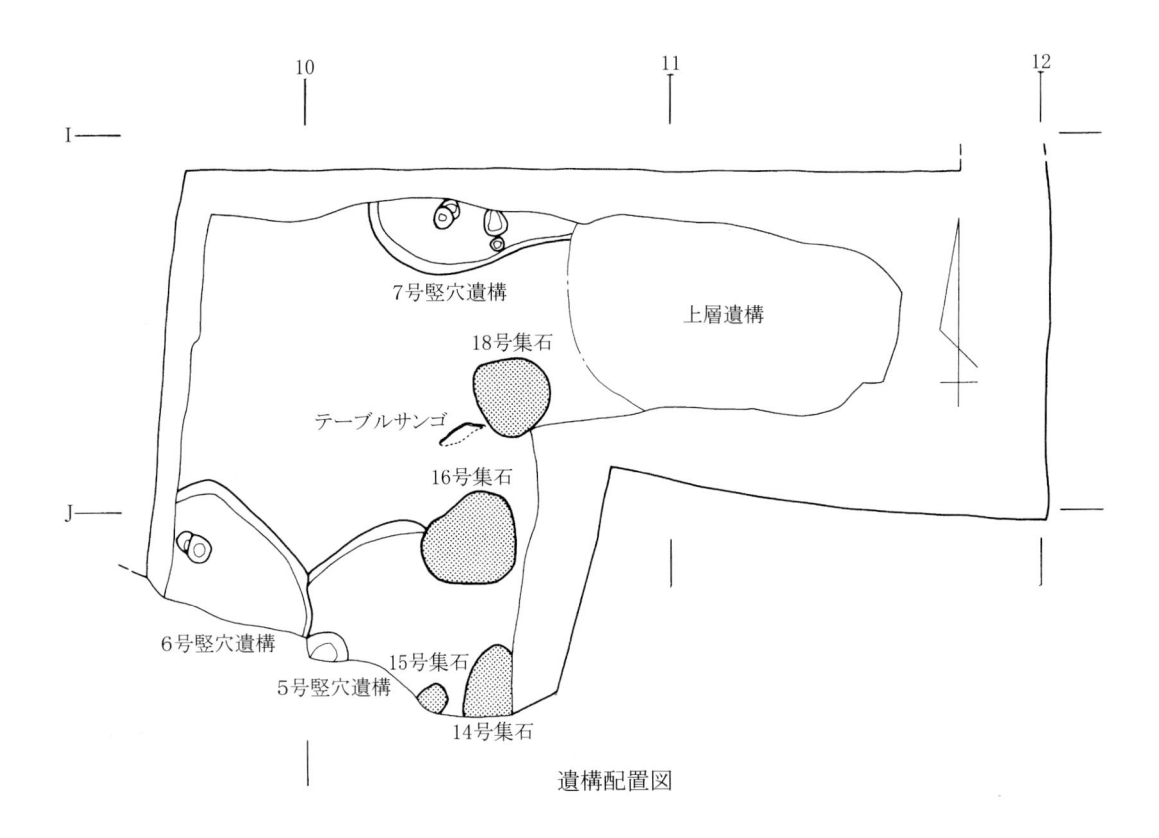

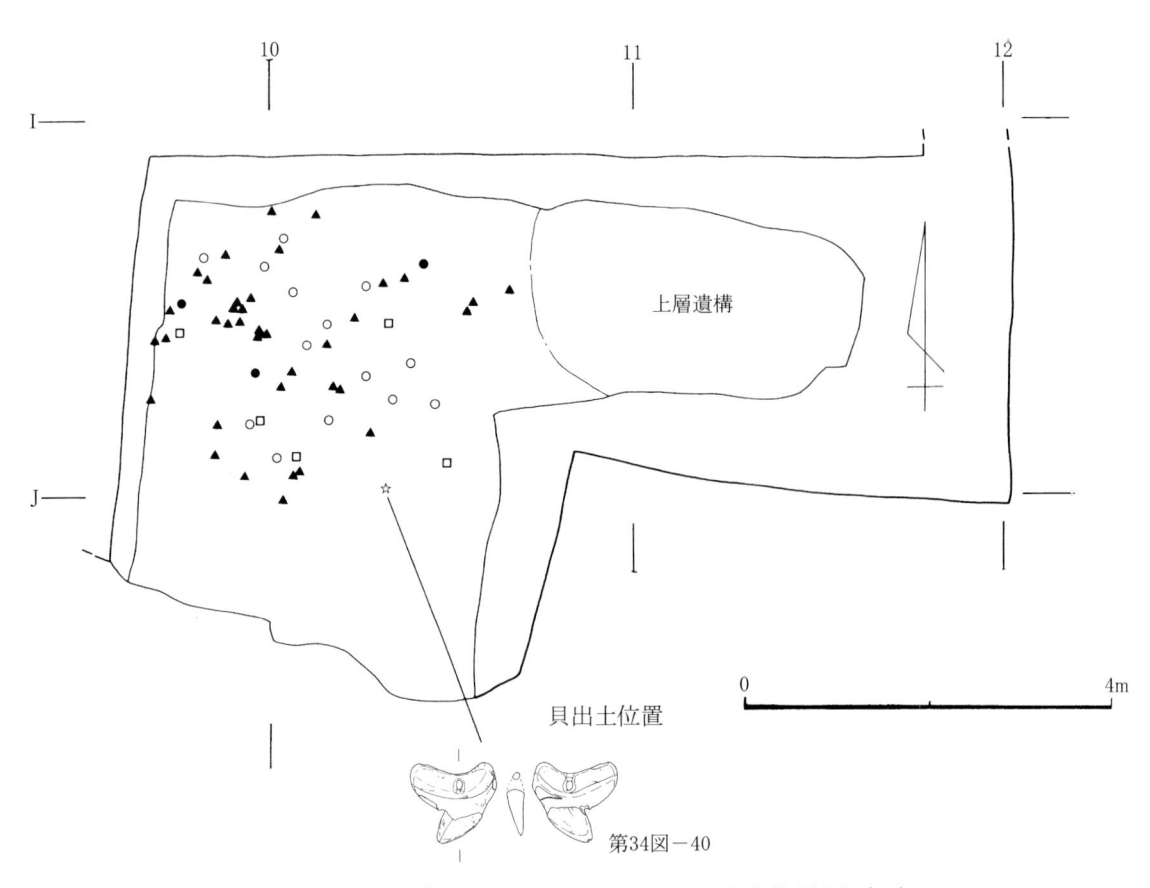

第23図　Ｖｃ層遺構配置図（上）および貝出土位置図（下）

第24図　Ｖｃ層石出土位置図

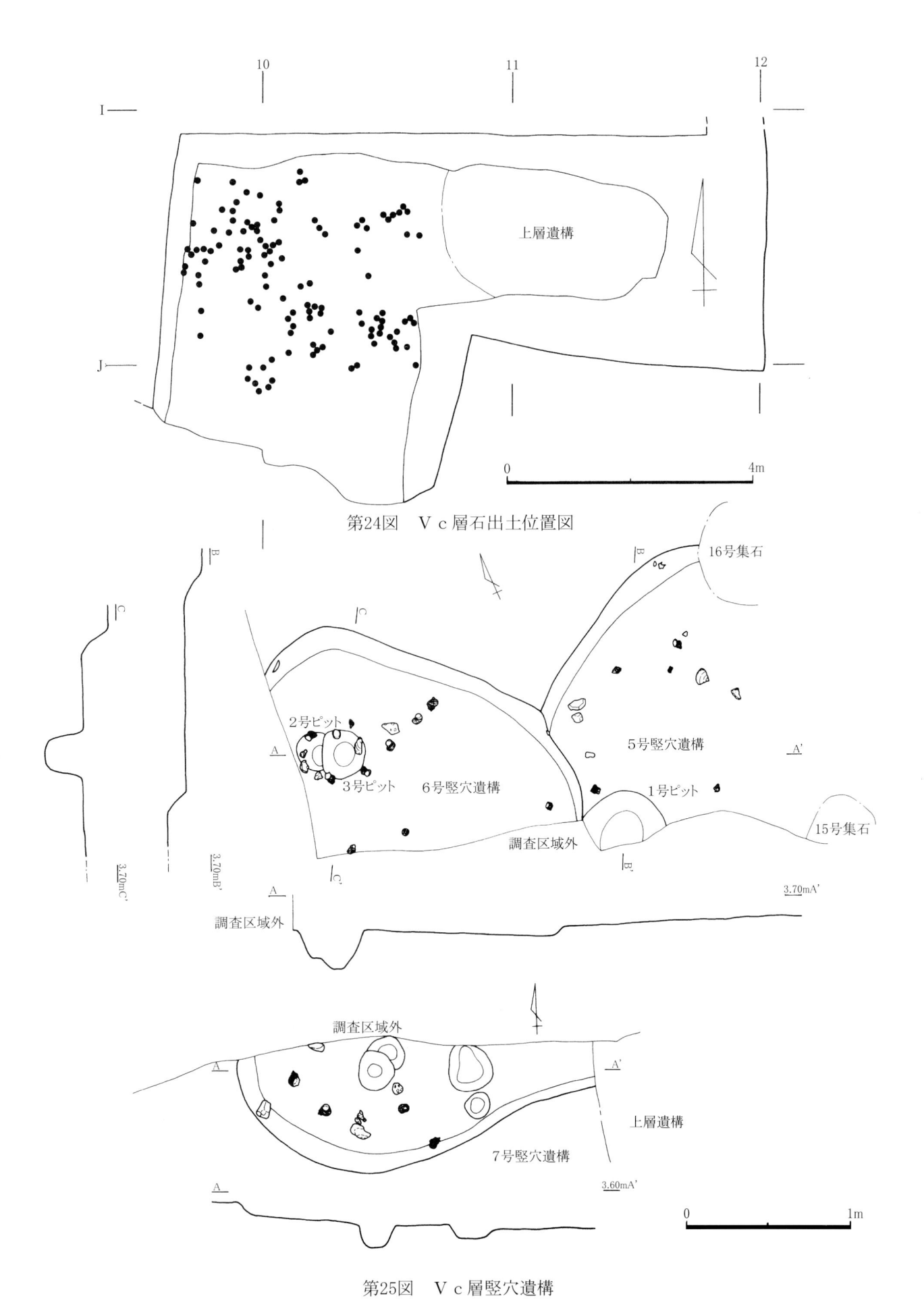

第25図　Ｖｃ層竪穴遺構

14号集石

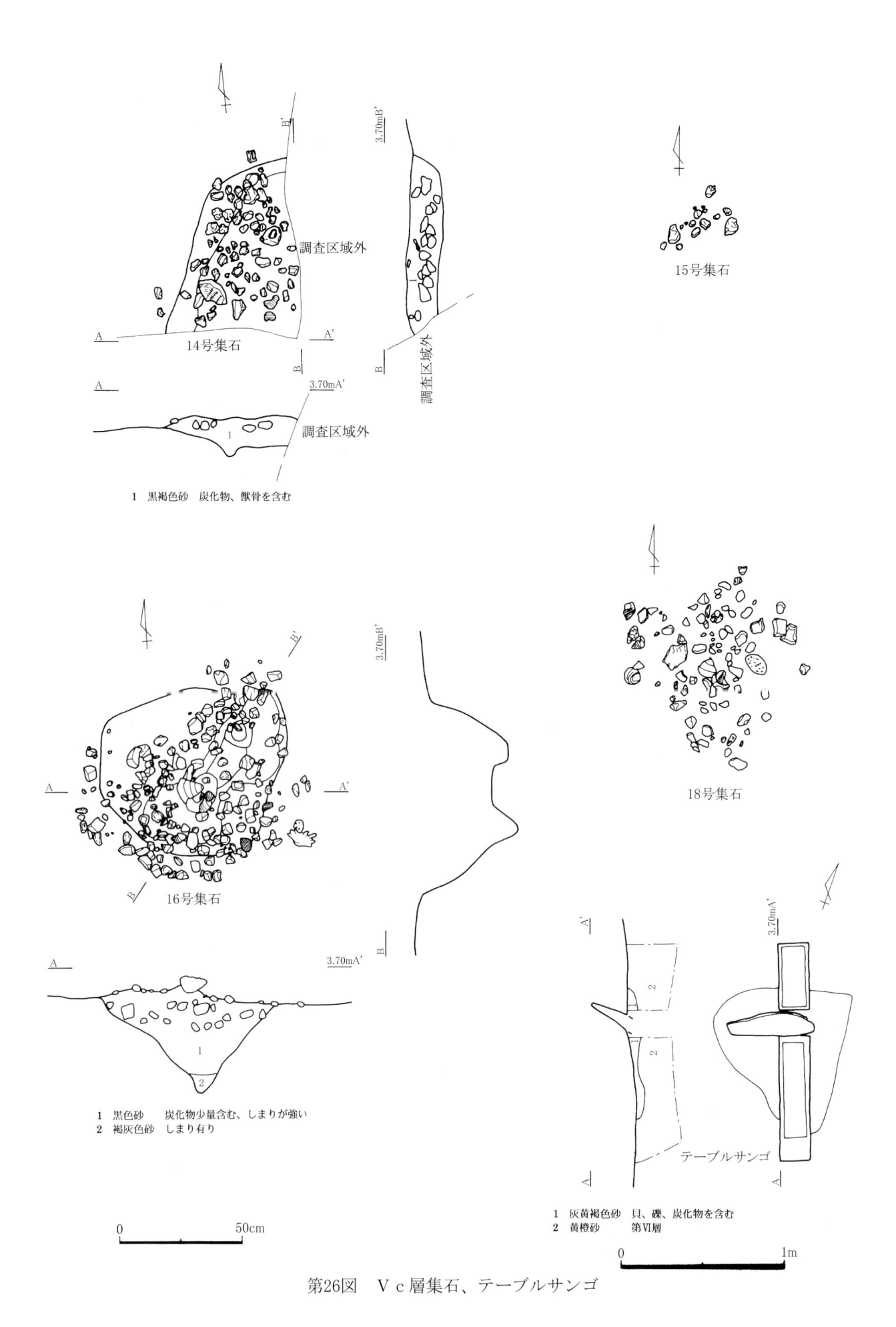

調査区域外

1 黒褐色砂　炭化物、獣骨を含む

15号集石

16号集石

1 黒色砂　炭化物少量含む、しまりが強い
2 褐灰色砂　しまり有り

18号集石

テーブルサンゴ

1 灰黄褐色砂　貝、礫、炭化物を含む
2 黄橙砂　第Ⅵ層

第26図　Ⅴc層集石、テーブルサンゴ

貝出土位置

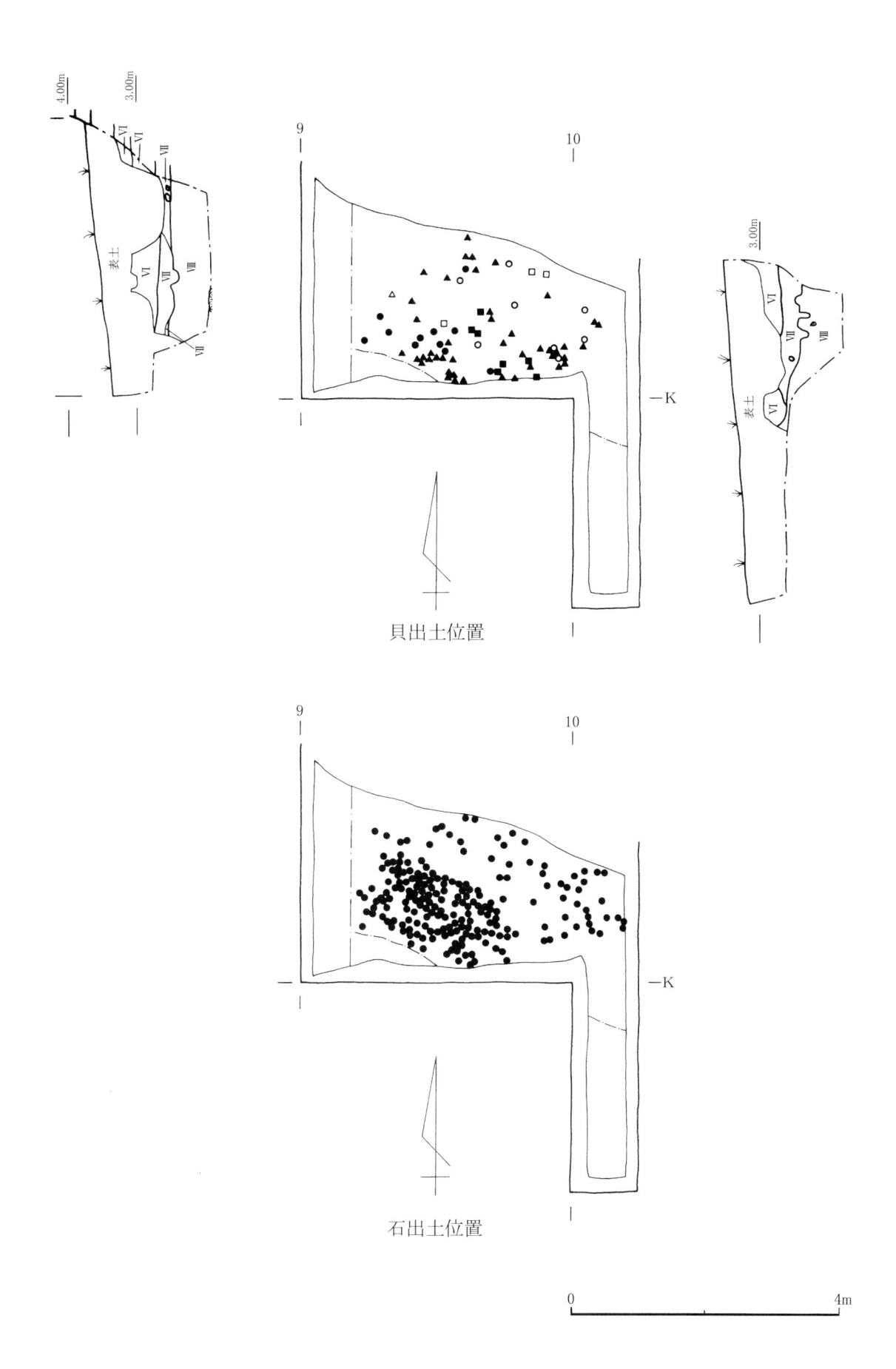

石出土位置

第27図　2区遺物出土位置図および土層断面図

― 37 ―

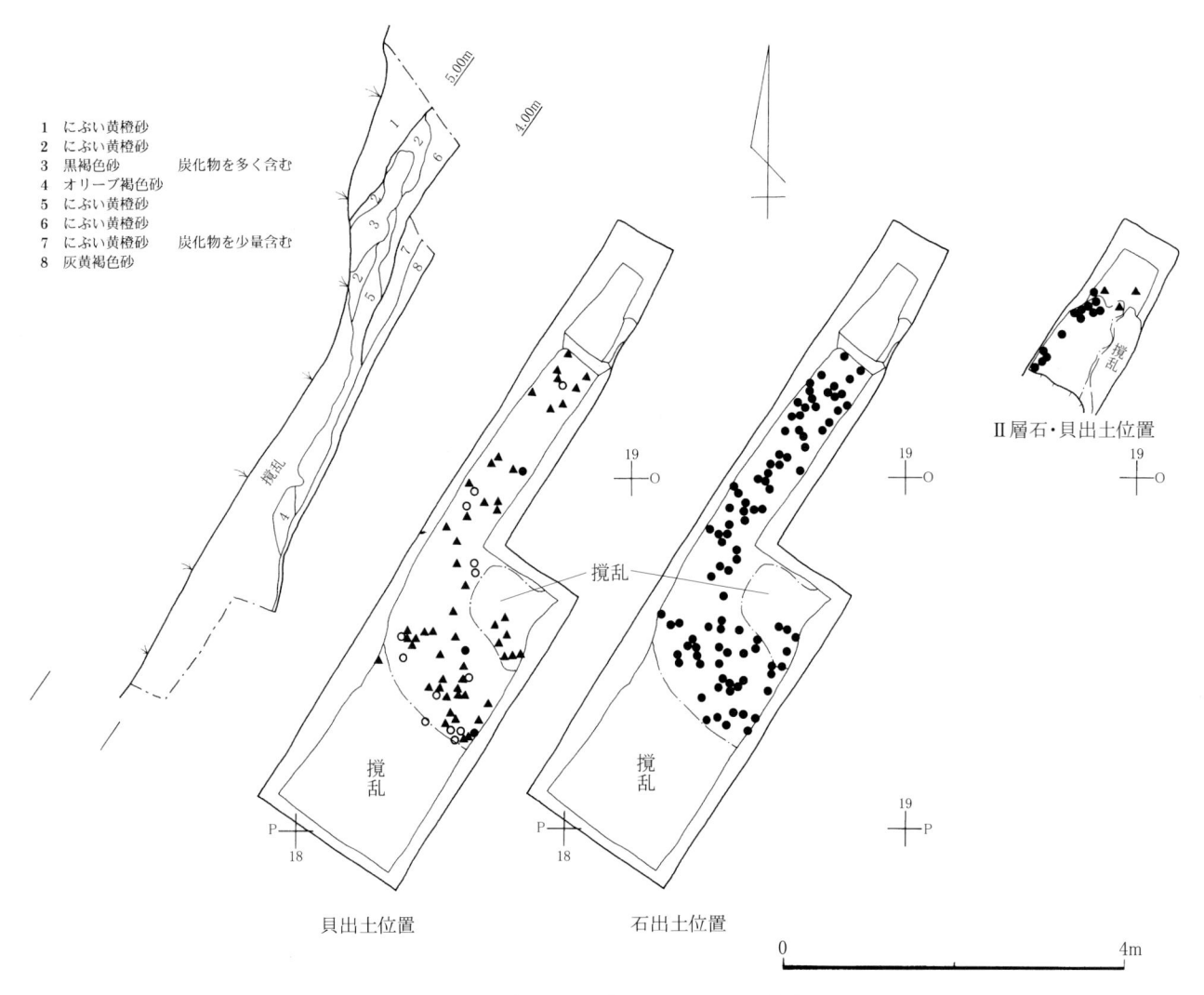

1　にぶい黄橙砂
2　にぶい黄橙砂
3　黒褐色砂　　炭化物を多く含む
4　オリーブ褐色砂
5　にぶい黄橙砂
6　にぶい黄橙砂
7　にぶい黄橙砂　炭化物を少量含む
8　灰黄褐色砂

貝出土位置　　　　石出土位置　　　　Ⅱ層石・貝出土位置

第28図　3区遺物出土位置図および土層断面図

囲で長軸20cm、15cm、深さ16cm。3号ピットは2号ピットを切り、長軸29cm、短軸26cmで平面形は円形を呈する。

7号竪穴状遺構（第25図）　Ｉ-10、Ｖ-c層中で検出。調査区外にまで伸びているため全容の確認ができなかった。規模は確認できた範囲で長軸211cm、短軸84cm、深さは10cm。本遺構に伴うと考えられる遺構としてピットが4穴検出された。4号ピットは5号ピットに切られ、規模は確認できる範囲で長軸23cm、短軸12cm、深さ10cm。5号ピットは4号ピットを切り、長軸23cm、短軸21cm、深さ13cmで平面形は円形を呈する。6号ピットは調査区外の北へ伸び、全容は確認できなかった。確認できた範囲で長軸28cm、短軸26cm、深さ8cm。7号ピットは長軸、短軸伴に16cmで、平面形は円形を呈する。

テーブル珊瑚（第26図）　Ｈ-11に位置する。Ｖc層中で検出。テーブル珊瑚の長軸は52cm、短軸15cm、厚み7cmで、やや傾いた立位で検出された。土層断面は不整形で、灰黄褐色砂の単層である。本遺構の掘り方であると考えられる。

（張替清司）

8）Ⅶ層の遺構（第27図～第28図）

2次調査の際、砂丘南崖に斜交するかたちでJ－9からK－10にかけて調査区を設定し、これを2区とした。Ⅶ層はここから検出した。

2区のある砂丘背後（陸側）は耕作によりおおきく削平され、砂丘頂部より2.5mほど低い低湿地となっている。表土は海抜3.5m前後にあり、ここから80cmほど掘り下げた海抜2.7m前後で、黒褐色砂層とともに石と貝が検出され、これをⅦ層とした。しかし、調査区が狭いことや、後世の攪乱をうけていることもあり、Ⅶ層の様相については明確にすることができず、人工遺物も出土しなかった。また、本調査区における攪乱のありかたからみて、現在サトウキビ畑となっている箇所においても、Ⅶ層は削平されている可能性が高い。

2区西側と東側にトレンチを設定しⅦ層より下層の堆積を確認したところ、単一の白砂層がつづいており、海抜1.9mほどでビーチロックと思われる岩盤を確認した。

3区（第28図）は文化層の広がりを確認するため、砂丘に直交するかたちでN－18からP－19にかけて設定した。その結果、海抜5.0m前後と海抜3.6～3.9m前後の2層において炭化物を含んだ黒褐色砂層が確認された。しかし、3区においても調査区の狭さから文化層の様相を明確にすることはできず、人工遺物も出土しなかった。また、砂丘南崖の土層堆積から各文化層とのつながりを確認しようと試みたが、この点についても不明な点が残った。いずれにせよ、Ⅶ層については継続的な課題としたい。　　　　　　（沖元　道）

第3節　出土遺物

第5次までの発掘調査でシャコガイ製貝斧をはじめ数種の貝製品、獣歯製品、石器、魚骨歯製品が出土している。人工遺物は1区からの出土のみで、2区の遺物は自然遺物のみである。各種別に層ごとに報告していく。スイジガイ製利器およびクモガイ製利器についての管状突起番号、計測部位の測定は第30図に準ずる。

1）第Ⅱ層（第29図、図版8）

シャコガイ製貝斧1点、スイジガイ製利器1点、土器2点が出土している。

シャコガイ製貝斧

(2) H－9、10から出土。シャゴウの右殻前背縁。殻頂直前から先端までを使用している。腹縁側は放射肋に沿って背縁と平行に打割して除去し、背縁側は鋸状の突起を打割して取り除き、調整している。他は自然面を残す。前縁先端の殻内側のみを研磨して片刃にしている。刃縁は鋭い弧状を描き尖っている。最も厚質の部位を使用しているため、シャゴウの特質上重厚であり、形状からは突き具あるいは掘り具のような用途が考えられる。

スイジガイ製利器

(3) Ⅰ－11から出土。貝自体はかなり化石化している。外唇部を体部から割り取り、管状突起の①番、⑥番突起をほぼ完形で残し、管状突起の①番のみに附刃してある。①番突起の腹面側は根元より一方向より鋭角的に研磨し、背面側も一方向から研ぎ出しノミ状の両刃になっている。突起の殻頂側に偏って尖っているため、使用時には鋭いポイントとして機能する。⑥番突起は先端が劣化して研磨の痕跡は見られない。打ち欠いた体層側も調整されている。

　　a　1.9cm　　b　3.8cm　　最大長11.9cm　　最大幅　5.3cm　　重量　122g

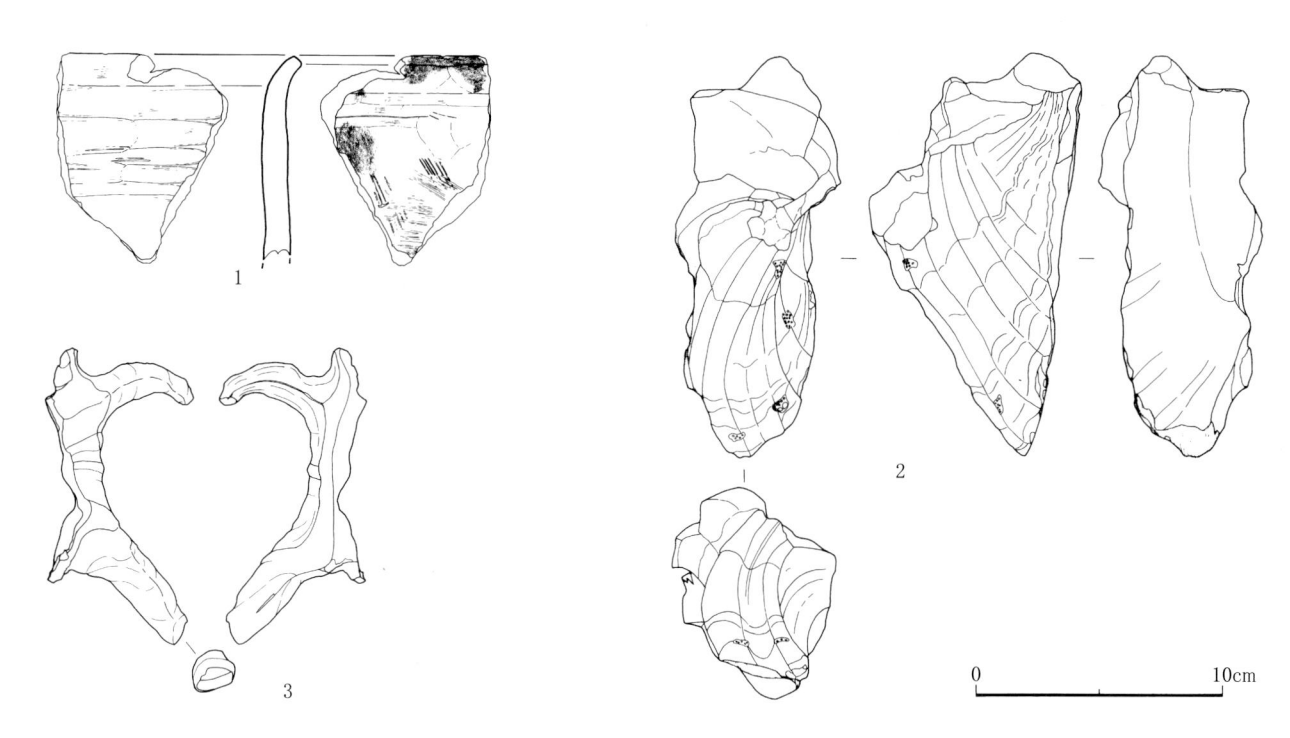

第29図　Ⅱ層出土遺物

土器

2点得られている。ここでは(1)のみを報告する。他の一点はⅡ層上面より出土。1cm大の胴部破片である。

(1) Ⅰ-9から出土。10cm程度残存した口縁部破片である。土器は、やや外傾する胴部から緩やかに外反する鍋形土器であり、輪積みで作られる。器面調整は、外面が口縁部を横位方向のナデ調整、胴部は左上がりの刷毛目調整後、それをナデ消す。内面が、口縁部から胴部にかけて横位の刷毛目状調整の後、これを横位にナデ消している。口縁部は特に丁寧である。混和材として貝を細かく突き崩した

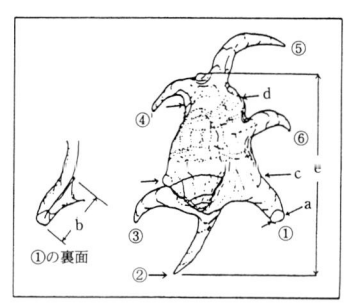

第30図　スイジガイ製利器の突起番号計測位置
（上原静原図『南島表6』第7号1981年より）

ものを混入している。貝には灰色・白色とがあり、焼いている可能性もある。器壁は口縁部が約0.7cm程度、胴部が約1.15cm程度である。

2）第Ⅲ層（第31図、図版8・9）

シャコガイ製貝斧2点、シャコガイ製品2点、スイジガイ製利器5点、クモガイ製利器5点、イモガイ製ビーズ1点が出土している。

シャコガイ製貝斧

(4) H-9　Ⅲ層上面から出土している。シャゴウの左殻後背縁で殻頂直後から先端までを使用。腹縁側は放射肋2本を残し背縁と平行に打割して除去し、調整している。殻内側は先端を研ぎ出して刃部とし、磨きは蝶番の側歯まで至っている。殻表側は先端から放射肋のカーブに沿って広範囲に研磨している。形状は片刃である。刃縁は弧状を描き、細かな刃こぼれが見られる。基端も平面になるよう調整されて

— 40 —

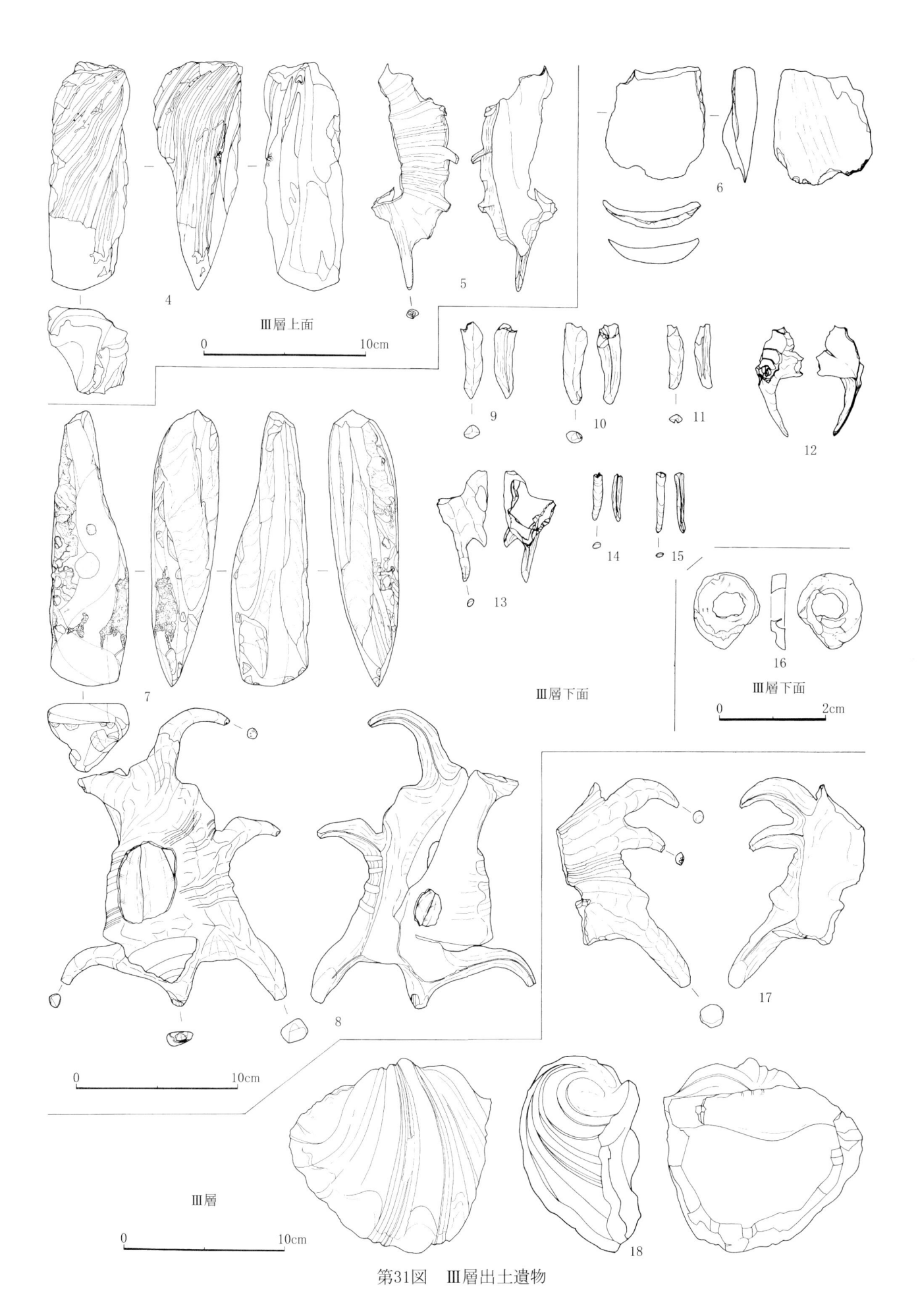

Ⅲ層上面

0 10cm

Ⅲ層下面

0 2cm

Ⅲ層

0 10cm

第31図 Ⅲ層出土遺物

いる。基端から3㎝下の両端と、5㎝下の両端に抉れが見られる。

　　最大長　13.7㎝　最大幅5.5㎝　厚さ4.5㎝　重量　295g

(7)　Ⅲ層下面から出土し、2000年3月予備調査次に取り上げた貝斧基部片と、2001年12月（三次）調査で北壁断面の第Ⅲ層にかかっている貝斧本体部は接合し、同一製品であった。オオジャコまたはヒレナシジャコの右殻後背縁。殻表側を全面研磨し、自然面がわずかに残っている。殻内側もちょうつがいの主歯、側歯とも研磨により摩滅している。側面の両面ともに丁寧に磨かれ、特に腹縁側は滑らかである。刃部は殻表・殻内両面から研磨された両刃であり、殻表側をより広く研ぎ出している。刃縁は直線的ではあるが、わずかにカーブして二カ所に大きな刃こぼれが認められる。また、殻内側は基部中央からくびれて基端部にいくほど極度に細くなり、基端は鋭角的に尖っている。基端は若干の調整を受けている。全体的には継続的に使用した印象が見受けられる。

　　最大長　16.5㎝　最大幅　4.8㎝　厚さ3.8㎝　重量　336g

シャコガイ製品

(6)　H－11下面から出土。シラナミの左殻前背縁内層部のみを剥離して、ほぼ自然の形状のまま使用している。刃部は鋭利でスクレーパー状を呈し、刃縁中央に大きな刃こぼれが見られる。基端は直線状に打割されている。スクレイパーとしての用途が考えられる。

　　最大長　7.0㎝　最大幅　6.1㎝　厚さ1.1㎝　重量　60g

(18)　H－9、10から出土している。シャゴウの左殻で前部を残し、後縁側を除去。腹縁側をすべて打割して、円礫状の形態を呈している。形状と重量から推察して、ハンマーのような敲打具として使用したのではないかと考えている。

　　最大長　11.8㎝　最大幅　12.5㎝　厚さ7.8㎝　重量　1.1kg

スイジガイ製利器

5点出土しているが、3点は突起部のみである。すべて下面層からである。

(8)　Ⅰ－9　下面から出土。体部は背面の結節状の螺肋の下部から5×3.5㎝ほどの楕円孔を穿ち、さらに腹面にも螺肋の下部から直径2.5㎝ほどの円孔が開けられている。管状突起は②番突起、④番突起は先端が欠損、①番、③番、⑤番、⑥番突起の4本はほぼ完形で残っている。本製品の特徴は①番、②番、③番、⑤番突起の4本に加工が見られることである。①番突起は腹面側は一方向より広範囲にわたり研磨され、背面側は二方向から研がれ両刃になっている。刃部先端は大きく刃こぼれしているが、ポイント状の形態を持つ。②番突起は根元を残して折られているが、腹面側が研磨してある。背面側は破損して内層が露呈しているため刃の形状は不明である。③番突起は原型を保ち、腹面側と背面側から研磨してあり、丸みを帯びた両刃の丸刃になっている。④番突起は根元から2㎝ほどが残存し、尖った形状に調整されているが、先端が欠損しているため附刃の有無は不明である。⑤番突起は原型を保ち、腹面側の側面から一箇所研磨されている。背面側は欠損しているがポイント状の形態をなす。⑥番突起はほぼ完形で残っている。先端部は尖っているがわずかに欠けているため研磨してあるかは不明である。形状を観察する限りにおいては、6本すべてに附刃した可能性も否定できない。

　　a　0.4㎝　b　5.5㎝　c　10.2㎝　d　6.7㎝,　e　12.5㎝　重量　404g

(9)　Ⅰ－10、13号集石遺構内からの出土である。管状突起のうち体部側の②番突起を折り取って先端に附刃したものであり、突起の先端部は露出した内層が研磨されている。腹面側は殻頂側に偏って一方向

より研磨し、背面側は二方向から研ぎ出している。刃縁はあまり鋭くないポイント状を呈している。体部の存在するシャコガイ製利器のほとんどの②番突起が欠失していることを考えると、これを廃棄せずに単独に利器として利用した可能性がある。

　　最大長4.6cm　　最大幅　1.4cm　　重量　9 g

(10) Ⅰ－10で出土している。管状突起のうち体部側の③番突起を折り取って先端に附刃したものである。突起の腹面側は左側に偏って一方向より研磨し、背面側も一方向から研ぎ出している。さらに右側面からも研磨しているため、刃部は鋭いポイント状を呈している。

　　最大長 5 cm　　最大幅　1.4cm　　重量　11g

(11) 管状突起のうち体部側の②番突起を折り取り、先端部のみを使用して附刃したものである。突起の先端部は管状が閉じていないため、中央が溝状になっている。腹面側は一方向より研磨し、背面側は二方向から研ぎ出している。刃縁はあまり鋭くないポイント状を呈している。

　　最大長4.9cm　　最大幅　1.2cm　　重量　5 g

(17) Ⅰ－10、1号集石遺構西側で出土。外唇部を体部から割り取り、管状突起の①番、⑤番、⑥番突起はほぼ完形で残し、3本ともに附刃してある。①番突起の腹面側は一方向より鋭角的に研磨し、背面側は四方向から研ぎ出し、ノミ状の丸刃になっている。⑤番突起は腹面側先端部がわずかに研がれている。⑥番突起は腹面側が二方向から研磨されているが先端の背面側が欠けている。打ち欠いた体層側は滑らかに調整され、右利きの人間が握って①番突起を利器として使用した場合、掌に負担がかからない。本製品は⑤番突起が⑥番突起に近接した奇形貝を選択して利用している。

　　a　0.7cm　　b　5.2cm　　最大長13.4 cm　　最大幅　8.1 cm　　重量　170g

クモガイ製利器

5点の内、4点は突起のみである。

(5) Ⅰ－9上面層で出土。体層部は欠失し、殻口外唇部のみを使用。①番突起のみが残り、研磨の痕はないが先端に潰れが確認できる。残りの突起は根元より欠失する。

　　最大長　11.2cm　　最大幅　4 cm　　厚さ　2.2cm　　重量　52g

(12) Ⅰ－9下面層からの出土。②番突起とその縁部がわずかに残る資料。先端の半分ほどは欠けている。研磨は認められないが磨耗している。

　　最大長　6.6cm　　最大幅　2.8cm　　厚さ　1.6cm　　重量　15g

(13) Ⅰ－9下面層からの出土。①番突起と⑦番突起部分が残る資料。①番突起先端を腹面側より加工した痕が見られるが、全体に磨耗している。⑦番突起は根元付近より欠損している。

　　最大長　6.7cm　　最大幅　3.5cm　　厚さ　1.3cm　　重量　21g

(14) Ⅰ－9下面層からの出土。①番突起のみが残る資料。先端を腹面側より加工しているが、かなり磨耗している。

　　最大長　2.9cm　　最大幅　0.6cm　　厚さ　0.5cm　　重量　1 g

(15) Ⅰ－9下面層からの出土。①番突起のみが残る資料。先端を腹面側より加工しているが、かなり磨耗している。

　　最大長　3.6cm　　最大幅　0.6cm　　厚さ　0.5cm　　重量　1 g

IVb層

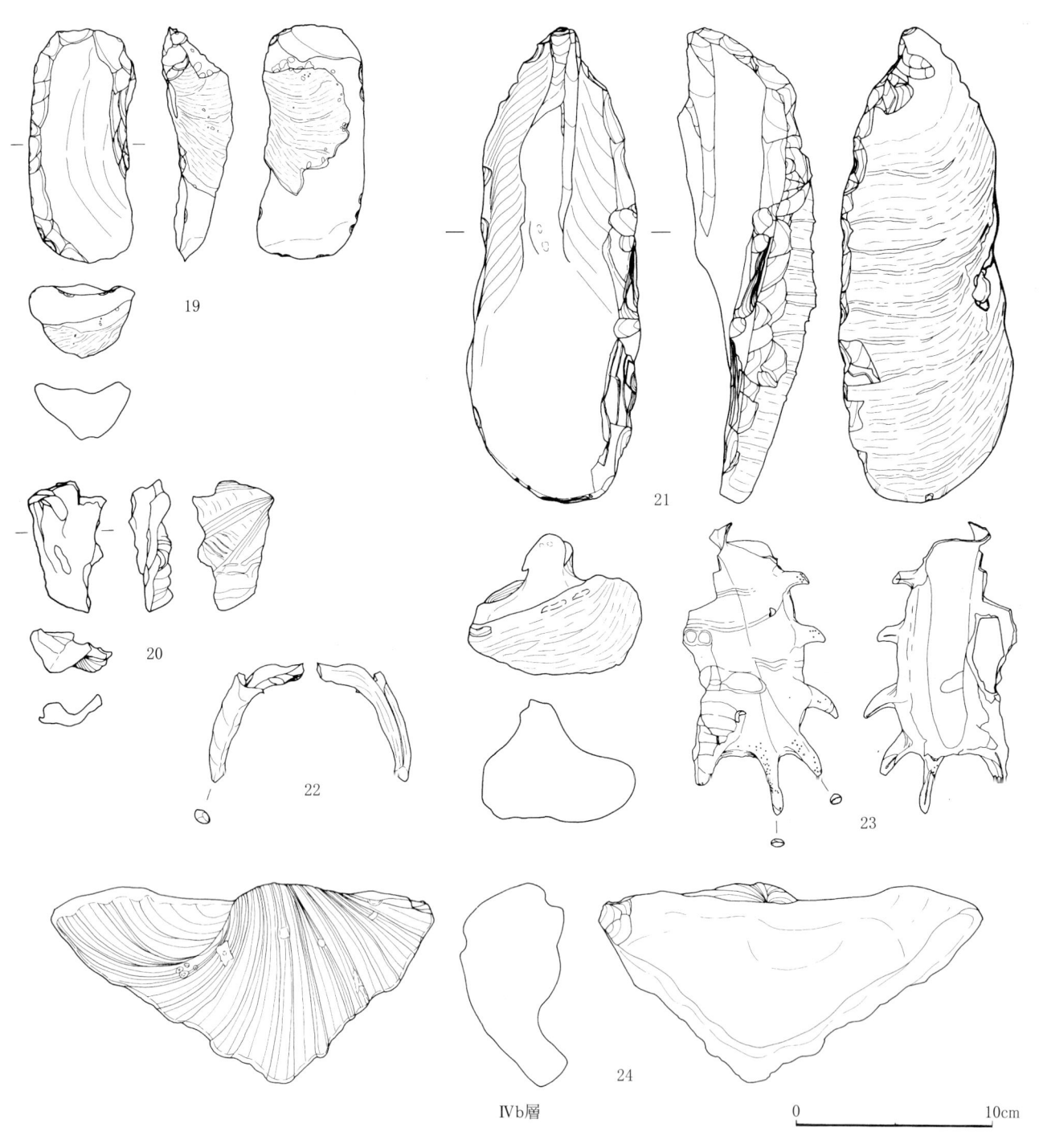

第32図　IV層出土遺物（1）

イモガイ製ビーズ

(16)　I-9下面の8号集石遺構から出土。小型のイモガイ科の殻頂に不規則な楕円孔を穿ち、螺頭部と殻底部ともに平滑に研磨し、ほぼ均一な厚みに仕上げている。一部に殻底側からの大きな欠損が見られ、その部分は薄くなっている。また、側面も磨かれている。

　縦径　1.35cm　横径　1.5cm　厚さ　0.3cm　重量　0.8g

3）第Ⅳ層（第32、33図、図版9・10）

シャコガイ製貝斧6点、シャコガイ製品2点、スイジガイ製利器2点、クモガイ製利器1点、イモガイ製ビーズ2点、獣歯製ペンダント1点、石器1点出土している。

シャコガイ製貝斧

(19) H－9貝溜り遺構から出土。シラナミの左殻前背縁内層部を使用し、殻表部分を剥がしてあるが、殻頂部付近の殻表は剥離せずに残っている。腹縁部を細かく打割、調整し、刃部は殻表側を研磨調整し、殻内側も研磨が見られる。刃縁は鋭利だが、刃こぼれが認められる。

最大長　11.7cm　最大幅　5.0cm　厚さ2.1cm　重量　212g

(20) H－9、Ⅳb層から出土。ヒレジャコ左殻後背縁の殻頂部より垂直に打割して、前縁を除去し、後部のみを使用。腹縁部も打割し、調整している。主歯の一部のみ自然のまま残るが、側歯は欠損する。刃部は先端を殻内側より研磨。小形のノミ状の形態を呈している。

最大長　6.5cm　最大幅　4.0cm　厚さ0.4cm　重量　30g

(21) Ⅰ－10、Ⅳb層から出土。ヒレナシジャコ。左殻後背縁。殻頂付近より後縁先端まで使用。殻表側は自然のままで、殻内側は主歯・側歯ともに打ち欠いているが研磨は見られない。背縁側はほぼ自然の形状で、復縁側を直線的に丁寧に打割調整してある。後縁先端部を細かく調整して刃部とするが、特に研磨はされていない。刃縁は弧状を呈するが鋭利でないことから、研磨加工前の未製品であるのか、研磨せずに使用する用途を持つ完成品であるのかは不明である。あるいは、あまりにも巨大重厚であることから、実用以外の機能を持つ可能性も考えに入れたい。

最大長　23.7cm　最大幅　8.9cm　厚さ7.0cm　重量　1.2kg

(25) H－10、Ⅳc層から出土。ヒレジャコの右殻後背縁で、殻頂部より垂直に打割して、前縁を除去し、後部のみを使用。腹縁部も打割し、調整している。主歯、側歯とも自然のまま残すが、側歯の一部先端は刃部研ぎ出し時に研磨されている。刃部は殻内側は二方向から研磨し、殻表側は放射肋状を全面に研磨して附刃。刃縁はノミ状に鋭い。小形であることとその形状から、柄を付けずに手で握って細かな作業に使用したものと考えられる。

最大長　9.5cm　最大幅　6.1cm　厚さ0.9cm　重量　118g

(26) H－11、Ⅳc層から出土。シラナミ右殻前背縁で、殻頂から後背縁ちょうつがい部主歯と側歯の半分を残し、腹縁部を背縁部と並行に打割。前背縁先端の殻を剥ぎ、内層を露出させる。内層部は自然の形状のまま、凹状に湾曲し、先端刃縁部は鋭利であるが、ほとんど刃こぼれが認められない。一部に殻表と内層の分離面が空洞状に露呈している。

最大長　13.3cm　最大幅　6.0cm　厚さ1.2cm　重量　220g

(27) Ⅰ－11、Ⅳc層から出土。シラナミ左殻前背縁内層部。シラナミ殻表部を剥がし、内層部を使用。殻表側、殻内側共に自然のカーブを利用し、内側は凹状のシャベル状を呈している。殻表側にわずかに刃部が認められる。刃部は厚みがあり、使用痕が見られる。基端より3分の1の殻表側両端に抉りがあることから、柄に緊縛して使用したものと思われる。

最大長　11.5cm　最大幅　5.7cm　厚さ2.7cm　重量　225g

シャコガイ製品

2点出土している。

(24) H-9、Ⅳb層で出土。シャゴウ左殻を使用し、腹縁側全体を打割し、中央の放射肋を頂点にした三角形に加工し調整されている。打割した2辺は滑らかに調整され、特に前縁側は直線的で平滑である。後背縁は先端を欠くが、前背縁は先端まで利用して尖るように加工してあり、この部分を使用する意図が見られる。このことは、本製品の後部を除去すれば、使用部位と形状が資料（2）（図30-2）と同じであることからも推定できる。先端部分に研磨は見られないが、全体が著しく磨耗している。形状から推察して掘り具のような用途が考えられる。

　　最大長　19.5cm　最大幅　9.9cm　厚さ5.2cm　重量　835g

(30) I-10、Ⅳ層で出土。ヒレジャコ右殻。前縁から後縁にかけての腹縁側をすべて打割加工し、特に前縁側は平滑に調整してある。殻表の放射肋はすべて鰭状突起が欠かれ、滑らかになっている。そのうち、中央部の最も大きな放射肋のみを2cmほど突出させて先端が尖る形状に加工している。先端には使用痕と見られる磨耗があることから、敲打具として使用したことが考えられる。

　　最大長　12.2cm　最大幅　9.4cm　厚さ2.1cm　重量　300g

スイジガイ製利器

2点出土している。

(22) H-9 Ⅳb層貝溜まり遺構で出土。管状突起のうち体部側の③番突起を折り取って先端に附刃したもの。突起の殻頂側は根元まで残存している。突起の先端部突起の腹面側は一方向より研磨し、背面側は三方向から研ぎ出している。突起の反殻頂側に偏って尖っているため、ポイント状の両刃になっている。

　　最大長7cm　最大幅　1.6cm　重量　17g

(28) I-11 Ⅳc層で出土。体部は背面の結節状の螺肋を打割して直径5cmほどの円孔を穿ち、さらに内層の螺軸にも1.5×2.5cmの楕円孔が開けられて、内部の軸が露呈している。管状突起は②番突起のみが根元より欠失、③番・④番突起は中央部から先端が欠損している。外唇部の⑤番・⑥番突起は先端部のみを均一に欠き、意識的に残してある印象を受ける。①番突起は先端を欠いて加工し、研磨により附刃してある。刃部は腹面側からは一方向、背面側は二方向から、さらに殻頂側の側面からも研がれている。刃部先端は大きく刃こぼれしているが、ポイント状の形態を持つ。

　　a 0.4cm　b 3.8cm　c 8.5cm　d 5.2cm, e 11.7cm　重量　330g

クモガイ製利器

(23) H-10貝溜り遺構で出土。螺塔部から殻口部にかけて残るが、体層部は内側打割され欠失する。外唇部の①番と⑦番の管状突起を腹面側から研磨している。①番を円刃状に、⑦番を平刃状に加工している。残りの②番突起は根元から欠損し、③番突起は欠失、他は先端を欠きながらもほぼ均一に残されている。

　　最大長　12cm　最大幅　5.8cm　厚さ　4.6cm　重量　158g

イモガイ製ビーズ

(29) J-10 Ⅳc層で出土。小型のイモガイ科の殻頂に正円の円孔を穿ち、殻底部を平滑に研磨、螺頭部は貝の自然形のままながら研磨を施し、均一な厚みに仕上げている。側面も磨かれている。孔は螺頭部

IVc層　　　　　　　　　　　　　　　　　　　IVc層

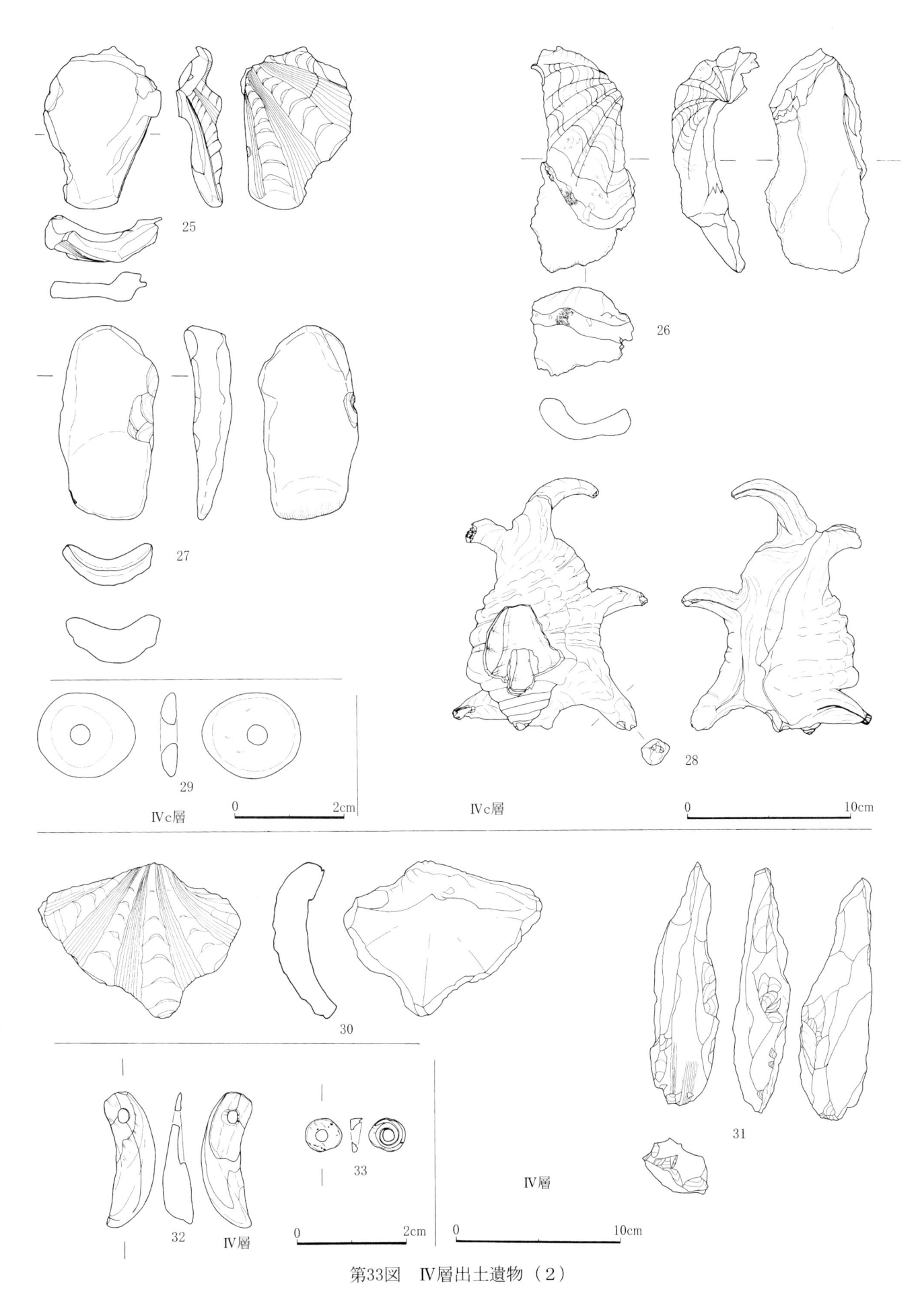

第33図　IV層出土遺物（2）

34

Ⅴb層
0　　　　　10cm

35

37

Ⅴb層
0　　2cm

38

36

40

Ⅴc層

0　　2cm

41

Ⅵ層

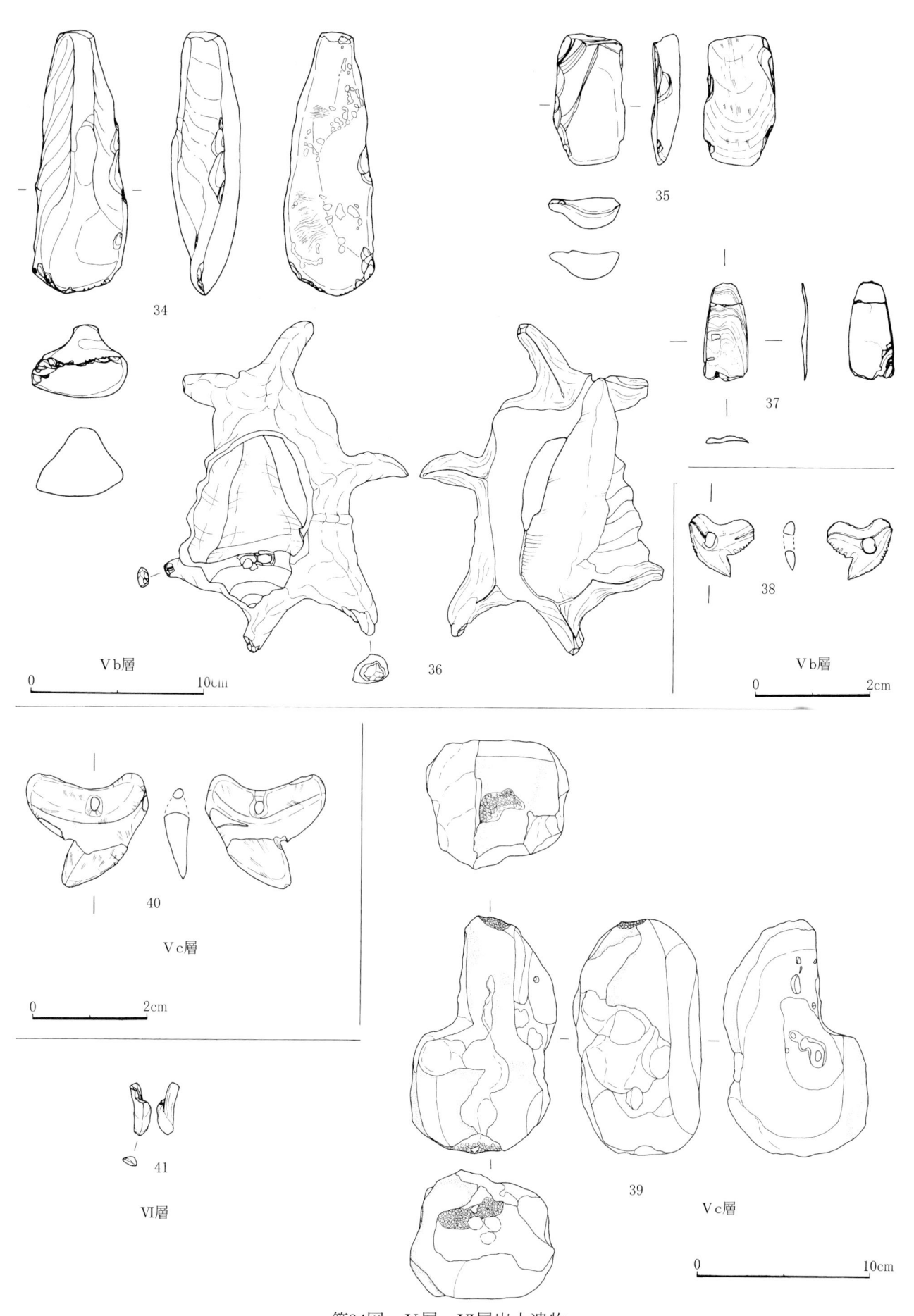

39

Ⅴc層
0　　　　　10cm

第34図　Ⅴ層・Ⅵ層出土遺物

よりすり鉢状を呈する。
　　縦径　1cm　横径　1.15cm　厚さ　0.3cm　重量　1.1g
(33)　Ⅰ－11で出土。小型のイモガイ科の殻頂に正円の円孔を穿ち、螺頭部を平滑に研磨、殻底部は斜位ながら研磨を施している。また、側面も磨かれている。
　　縦径　0.65cm　横径　0.75cm　厚さ　0.2cm　重量　0.8g

獣歯有孔製品

(32)　イノシシの上顎切歯（右）を磨いて歯根上部に一つの円孔を穿孔した製品。歯根部裏面は欠けているが、孔の上部には「紐ずれ」様の痕跡が認められる。垂飾品（ペンダント）としての用途が想定される。
　　最大長　2.7cm　最大幅　0.8cm　厚さ　0.55cm　孔径　0.2cm　重量　0.5g

打製石器

(31)　Ⅰ－11で出土。宮古島には産しない黒雲母を多く含む砂岩で作られた打製石器。岩石は葉理がよく発達して節理状になっている。片面中央に稜があり、形状は貝斧に類似する。先端部は附刃のために加工した痕跡は見られない。
　　最大長　14.7cm　最大幅　4.3cm　厚さ3.2cm　重量　164g

4）第Ⅴ層（第34図、図版10）

シャコガイ製貝斧1点、シャコガイ製品1点、スイジガイ製利器1点、サメ歯有孔製品2点、クロチョウガイ製製品1点、敲石1点出土している。

シャコガイ製貝斧

(34)　Ⅰ－9、Ⅴb層で出土。オオジャコまたはヒレナシジャコ。左殻後背縁。殻表側を全面研磨し、自然面がわずかに残る。殻内側もちょうつがいの主歯、側歯とも研磨により摩滅している。側面の両面ともに丁寧に磨かれ、特に腹縁側は滑らかである。刃部は殻表・殻内両面から研磨され、蛤状の両刃になっている。刃縁はゆるやかな弧状を呈し、多くの細かな刃こぼれが認められる。基端は平坦に調整されている。中央部両端に抉りが見られ、特に腹縁側の抉りは大きく欠けている。全体的には継続的に使用した印象が見受けられる。
　　最大長　15.0cm　最大幅　5.5cm　厚さ　4.0cm　重量　380g

シャコガイ製品

(35)　J－10、Ⅴb層で出土。シラナミ左殻前背縁内層部。内層部のみを使用。全体に滑らかに磨かれている。基端は直線的に打割されている。刃部は両面から丁寧に研ぎだし、殻内側は貝の自然のカーブを利用し、弧状を呈している。刃縁は薄くて鋭利である。
　　最大長　7.4cm　最大幅　4.1cm　厚さ　1.4cm　重量　212g

スイジガイ製利器

(36)　Ⅰ－10、Ⅴb層で出土。Ⅰ－10にあるテーブルサンゴの東側に接して置かれ、テーブルサンゴと共伴するように見える。貝自体はかなり化石化している。体部は背面の結節状の螺肋とその下部を大きく打割し、ほぼ7cmほどの四角い孔を穿っている。孔は内層の螺軸がすべて露呈するまで丁寧に施されている。さらに内層の螺軸結節付近に横1cm縦0.5cmの精巧な長方形の小孔が開けられている。小孔は細

かな作業によって意識的に穿孔したことは確実であるが、その機能は不明である。形状からの推察としては、何かを差し込んでそれを固定する用途が考えられる。また、小孔から水を容れても漏れない構造になっていることから、容器として機能した可能性も考えられる。管状突起はそのすべてが自然形状ではない。先端がやや尖らせてあり、その長さはほぼ均一であることから、明らかに意図的に欠かれている。①番突起の背面側は内層部が露呈し、その部分が研磨されている。③番突起にも摩滅した痕が見られる。

さらに特徴的なことは、腹面側全体にわたって均一的に平面状に磨かれていることである。ちょうど亀の腹面の甲羅に近い形状になっている。このように、個体全面に丁寧な加工の痕が見られることと、異例であるテーブルサンゴに伴って出土したことから、祭祀的な用途をもった製品である可能性も考慮に入れて検討したい。

a 0.9cm　b 4.1cm　c 8.8cm　d 5.7cm,　e 12cm　重量　550g

サメ歯有孔製品

(38)　Ⅰ-10、Ⅴb層で出土。メジロザメ科のイタチザメの歯に1孔を穿孔した小形の製品。歯根部と歯冠部の境目から歯冠部にかけて一つの円孔をもつ。鋸状の鋸歯は自然の形状を保つ。

最大長　1.2cm　最大幅　1.2cm　厚さ　0.2cm　孔径　0.15cm　重量　0.5g

(40)　Ⅰ-10、Ⅴc層で出土。メジロザメ科のイタチザメの歯に1孔を穿孔した大形の製品。歯根部の上部寄りに円孔が開けられ、孔の上部の歯根部裏面には「紐ずれ」様の痕跡が認められる。鋸状の鋸歯は3箇所とも丁寧に研磨され痕跡を残さない。歯冠先端の尖りも磨かれて丸みを帯びているが、わずかに欠けている。本製品は垂飾品（ペンダント）としての特徴を有する。

最大長　2.4cm　最大幅　2.2cm　厚さ　0.9cm　孔径　0.2cm　重量　1.5g

クロチョウガイ製製品

(37)　Ⅰ-9、Ⅴb層で出土。きれいなヘラ状を呈し、殻内側は貝の自然のカーブで弧状に窪む。全体に非常に薄く、先端部は欠損している。用途は不明である。

最大長　5.6cm　最大幅　2.6cm　厚さ　0.3cm　重量　5g

敲石

(39)　Ⅰ-10、Ⅴc層7号竪穴遺構出土。石灰岩製。自然の楕円礫を利用しているが、結晶化している。
上端部と下端部に摩滅痕が見られるが、上端部とした部分の使用頻度が高く、その衝撃に由来すると考えられる割れが確認できる。下端部はおそらくその後の利用であろう。側面部には特に加工は見られないが、裏面は磨り面が確認でき、わずかであるが磨石として利用された痕跡が残っている。いわゆる磨石兼敲石と呼ばれる類の資料であると考えられる。

最大長　13.3cm　最大幅　8cm　厚さ　7cm　重量　910g

5）第Ⅵ層（第34図、図版10）

スイジガイ製利器1点が出土している。

スイジガイ製利器

(41)　Ⅰ-10のテーブルサンゴ周辺で出土している。管状突起のうち体部側の②番突起を折り取り、先端

部のみを使用して附刃したもの。突起の根元左側は欠損している。腹面側は一方向より研磨し、背面側はほぼ自然のカーブを残している。刃縁は弧状を呈し、半分が欠けている。

最大長　2.8cm　最大幅　1.1cm　重量　3g

（江上幹幸）

第四章　考　察

第1節　検出遺構

狭い調査ではあったが、成果には多大なものがある。それらを簡単に整理し、いくつか問題点を指摘してまとめとしたい。

1）遺構の変遷について

本遺跡の営為は、固結した白砂層上に堆積した無遺物層の上面に始まる。「第Ⅶ層」とわたしたちが名付けた黒土帯であり、半拳大～拳大の礫と貝類が多数散在していることから、文化層と認定した。この層での礫のあり方は、群としていくつかのまとまりに分けられるものではなく、いわば平均的に散っている。ただし調査範囲がきわめて狭いため、この状況を層全体に敷衍できるかどうかは保留しておきたい。またこの層からは人工品は出土していないが、これについても、調査範囲の狭さに起因している可能性を考慮しなくてはならない。層の年代は放射性炭素年代測定ではcalBC900とされる。

つぎに若干の空白を隔てて（期間不明）、わたしたちが「第Ⅴ層」と呼ぶ文化層が形成される。調査区内ではどの層よりも黒色の度合いが強く、層も厚い。さとうきび畠との境にある崖面の観察により、少なくとも砂丘の西（北）半分にひろがっていることが確認された。人工遺物も多く出土し、本遺跡中もっとも生活痕跡の濃い層だといえる。広範囲にサンゴ石灰岩粒子が堅く締まっている部分が検出されたが、これが人の頻繁な往来による硬化かどうか、サンゴ石灰岩というものの特性を考慮に入れて、今後の検討課題としたい。

特筆すべきは7基の竪穴遺構であり、これについては後述する。また、テーブルサンゴについては、慎重な精査を期したにもかかわらず、性格を把握することができなかった。なおこの層は、上層とは異なり、西から東に向かって傾斜していることに注意したい。本層の年代は、放射性炭素測定では、calBC355とされる。

「第Ⅳ層」は当初単一の間層と考え、文化層と認定していなかった。しかし、5次調査の段階にいたって、層中に黒土帯とともに貝や礫の人為的な集積が確認されたので、文化層とした。この経緯が示すのは、第Ⅳ層がⅤ層のような広範なひろがりを持たないということである。ここでの礫や貝の出土状況もやはり、密度こそ高いものの、群としていくつかのまとまりに分けられるというものではない。層自体にも炭化物の含有が少ないことを考慮すれば、食物残滓の捨て場のような性格を指摘しうるだろう。この層より上は、第Ⅴ層とは逆に、北東から南西に向かう傾斜をもつ。層の厚さも、北部で厚く、南部では薄い。これらの形成要因は今後の課題としておく。

明瞭に生活痕跡として認定しうる最も新しい層が、「第Ⅲ層」と呼ぶ黒土帯である。これより上には集石等の明白な遺構は認められなかった。第Ⅲ層で検出された集石遺構は、下層のものとは明瞭に異なる特徴がある。すなわち、いくつかの礫群にまとめることができる。そして、それぞれの群の下に、必ずといっていいほど、黒色土をともなう。黒色土はその黒さの度合いに段階があり、礫の直下で濃く、周辺部で薄い。この形成要因が何なのか、濃い部分が掘り込みだとして、薄い部分が雨水等の沁み込み作用による二次的変化か、あるいはいずれも掘り込みなのか、それとも沁み込みなのか、にわかに結論づけることはできなかった。

　Ⅲ層の年代だが、先章で述べたとおり、Ⅱ層との境で出土した土器に付着した煤の放射性炭素年代測定では、Cal.AD843という結果が出ている。しかし、土器周辺の炭化物からは　ｃal.AD1215という年代が出ており、両者には400年近い隔たりがある。いっぽうでⅢ層中の炭化物からはｃal.AD80という測定結果も出ているので、層の年代についてはいまだ流動的といわざるを得ない。

2）第Ⅴ層検出の竪穴遺構について

　竪穴遺構についてあらためてまとめておきたい。

　いずれの竪穴も、全貌は窺えないものの、おおむね円形とみられる。1・2・4号竪穴遺構からはシャコ貝と半人頭大の石が近接して出土している。両者は、調理など何らかの生活道具として、組みで使われた可能性を指摘しておきたい。2・3号竪穴の床面にはサンゴ石灰岩の粗粒子が硬化した部分が何ヶ所か観察された。5・6・7号竪穴からはピットが検出されている。

　このようにきわめて生活臭の強い遺物の出土、ピットの存在、そして何より竪穴という形状から、これら竪穴遺構については、住居址の可能性を視野に入れておく必要があろう。しかし、床面らしい硬化面の存在を全面に確認できなかったこと、ピットが柱穴かどうか不明なこと、などの理由により、確証を得るにはいたらなかった。ただし、これら否定的要素のうち、とくに床面については、砂層の属性上、それが硬化面として本来明確に存在していたものかどうか、検討の要があろう。　　　　　　　　　　　　　　　　（馬淵和雄）

第2節　集石遺構

　ここでいう集石遺構とは、平面的に「単に礫が集中している場」や、「集中はしていないが、比較的範囲が認められる場」のことである。更に断面観より、A類－掘り込みを伴わない、B類－掘り込みを伴う、の2つに分類した。

　遺構は、Ⅲ層（上面・下面）・Ⅳc層・Ⅴc層・Ⅶ層で確認できた。但しⅦ層は確認だけにとどまり、まだ礫をとりあげていないので今回の考察では割愛する。以下、Ⅲ層（上面・下面）・Ⅳc層・Ⅴc層の遺構について述べる。

　全部で17基が検出された。それぞれⅢ層上面から1基（A類）、Ⅲ層下面から8基（A類4基・B類4基）、Ⅳc層から4基（B類）、Ⅴc層から4基（A類2基・B類2基）である。

　今回検討するにあたり、法量表（表1）と2種類のグラフを作成した。グラフのうち1つは礫質を検討するため、もう1つは調査時において特徴的だった円礫を検討するためである。前者は、集石遺構を構成する礫質を比較検討するものであり、特にサンゴ石灰岩の円礫については任意に厚さ別（1〜20㎜、21〜30㎜、31㎜以上の3段階）にも抜き出してみた。後者の特徴的な円礫とは具体的に、厚さが21〜30㎜かつ長辺が31

第1表 集石遺構一覧表

層序	遺構名		長軸(cm)	短軸(cm)	掘り込み(cm)(最深部)	礫総個数	礫総重量(g)	礫長辺平均(mm)	礫短辺平均(mm)	礫厚さ平均(mm)	礫重量平均(g)
Ⅲ層上面	7号集石		65	34	なし	25	3745	67.84±17.71	48.6±12.17	37.88±12.96	149.8±99.97
Ⅲ層下面	1号集石		97	77	13	291	20698	47.45±19.68	36.88±14.36	29.03±12.52	71.12±81.12
	2号集石		63	56	なし	25	2555	60.44±14.67	40.44±10.26	31.48±9.67	102.2±62.16
	4号集石	a	64	54	なし	303	15631	45.68±13.78	33.80±10.02	24.70±9.67	51.58±45.46
		b	85	71	なし						
		c	135	87	なし						
	5号集石		120	75	なし	111	9431	51.56±23.71	37.23±17.20	27.63±12.29	85.73±111.8
	8号集石	a	44	43	なし	69	6308	56.71±18.28	42.66±12.30	31.69±10.25	91.420±61.04
		b	138	86	なし						
	12号集石		98	63	19	210	27629	62.01±2698	46.60±20.14	35.57±14.17	131.5±134.1
	13号集石	a	98	65	16	321	35893	54.16±25.33	41.15±19.52	32.55±15.22	111.8±170.7
		b	86	58	なし						
	17号集石		84	71	14	30	2580	56.23±19.23	41.93±16.21	31.63±10.93	86±87.04
Ⅳc層	6号集石		50	19	不明	132	5125	40.72±13.50	29.58±9.894	25.00±8.186	38.82±36.04
	9号集石		75	42	なし	-	-	-	-	-	-
	10号集石		41	27	なし	-	-	-	-	-	-
	11号集石		33	25	なし	-	-	-	-	-	-
Ⅴc層	14号集石		72	42	14	164	11440	49.09±17.83	37.76±13.34	29.54±10.95	69.75±59.63
	15号集石		34	25	なし	27	1365	44.03±15.25	34.25±12.69	24.55±10.07	50.55±47.07
	16号集石		77	74	33	509	22411	41.05±15.39	32.71±12.59	25.04±10.27	44.11±44.03
	18号集石		80	75	なし	119	6400	44.37±20.09	32.45±13.69	26.60±11.75	53.78±79.01

＊3号集石は欠番
－：未整理
（平均±標準偏差）

〜50㎜の小形で薄手のサンゴ石灰岩円礫のことであり、以下、小形円礫と便宜上称する。グラフでは更に完形礫か破損礫かもみた。

若干ではあるが、サンゴ石灰岩の角礫にも触れ、礫を中心とした考察を試みた。

1）Ⅲ層上面

本層から出土した遺構は、A類にあたる7号集石1基であり、最も少ない検出量である。

7号集石（第2表1・2）　全てサンゴ石灰岩で構成されており、円礫の割合が68％と高い。そのうち厚さが31㎜以上（最大65㎜）の礫が40％を占める。円礫は多いが、そこにおける小形円礫の割合は6％とわずかである。いずれも破損礫であった。またサンゴ石灰岩の円礫で接合したのは1点であった。サンゴ石灰岩の角礫は白色で脆くない。サンゴ石灰岩は火を受けると、白色化して状態が脆くなるのであるが、本遺構の場合はそれが適合しないので、検討を要する。

2）Ⅲ層下面

本層は1・2・4・5・8・12・13・17号集石の8基が出土しており、今回検出したなかで最も多い層となっている。2・4・5・8号集石はA類で、1・12・13・17号集石はB類である。1号集石は、宮古島本島にはない石材である砂質片岩の小礫が1点出土しており、また4・17号集石からは、小形のサンゴ石灰岩円礫が検出された。

1号集石（第2表3・4）　99％サンゴ石灰岩で構成されているが、円礫の割合は8％と非常に低い。そ

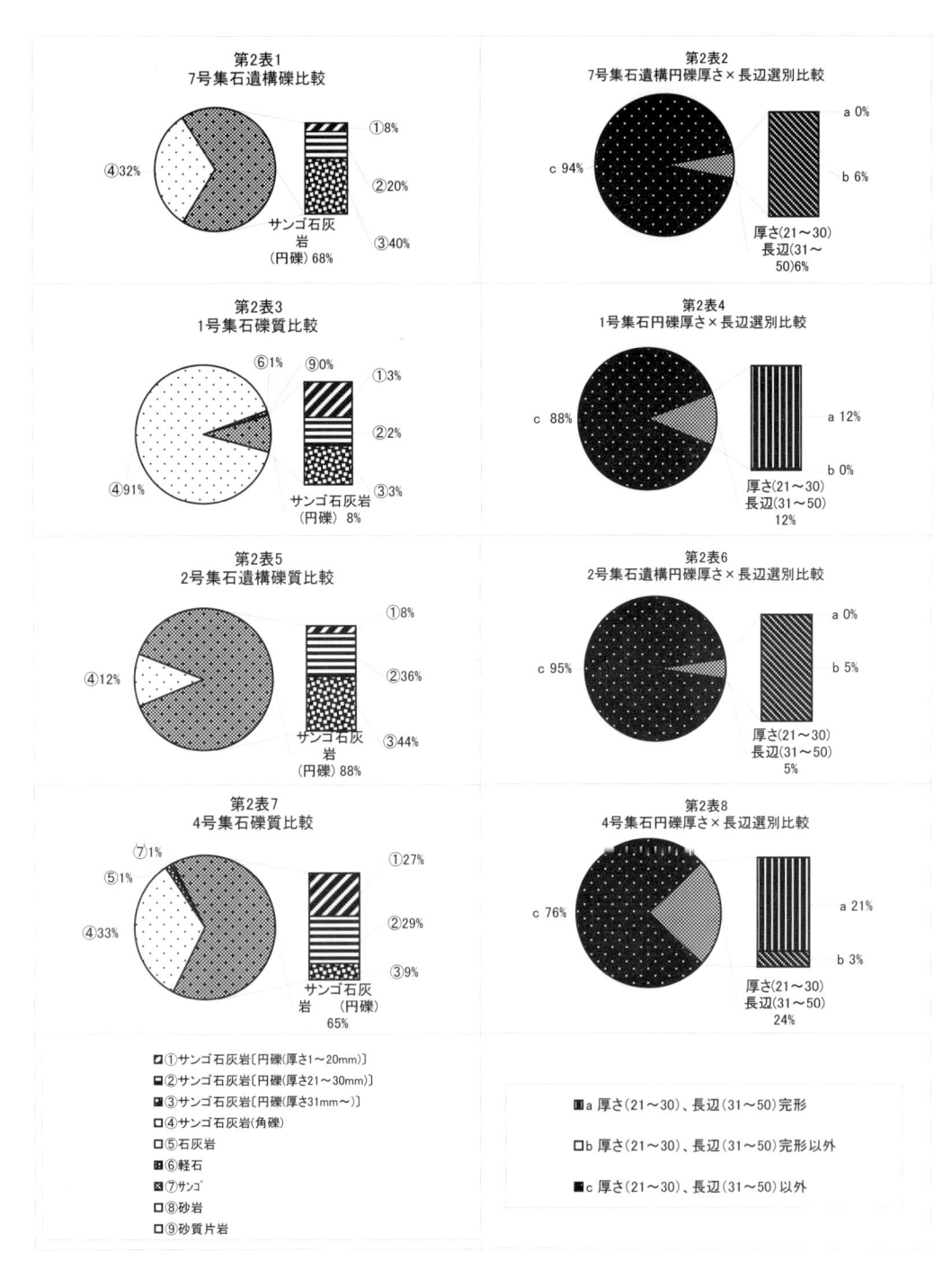

第2表 Ⅲ層上面・下面

のうち、厚さは比較的一定量を示す。小型円礫の割合は12%と低い。いずれも完形礫であった。またサンゴ石灰岩の円礫で接合可能なものはない。

　サンゴ石灰岩角礫は破片になっているものが多い。その破片面の角は若干丸みを帯びているため角張っていない。脆くないものも若干あるが、全体的に白色かつ脆い。なかには表面が灰色で破片面が白色の礫があり、それらは触っていると、表面が剥げて粉状を呈し、または粒状に取れてしまうものもある。火を受けた可能性がある。

　特筆すべきことに、砂質片岩の石材検出があげられる。本遺構かつ本遺跡内において、今のところ1点で

第3表 Ⅲ層下面

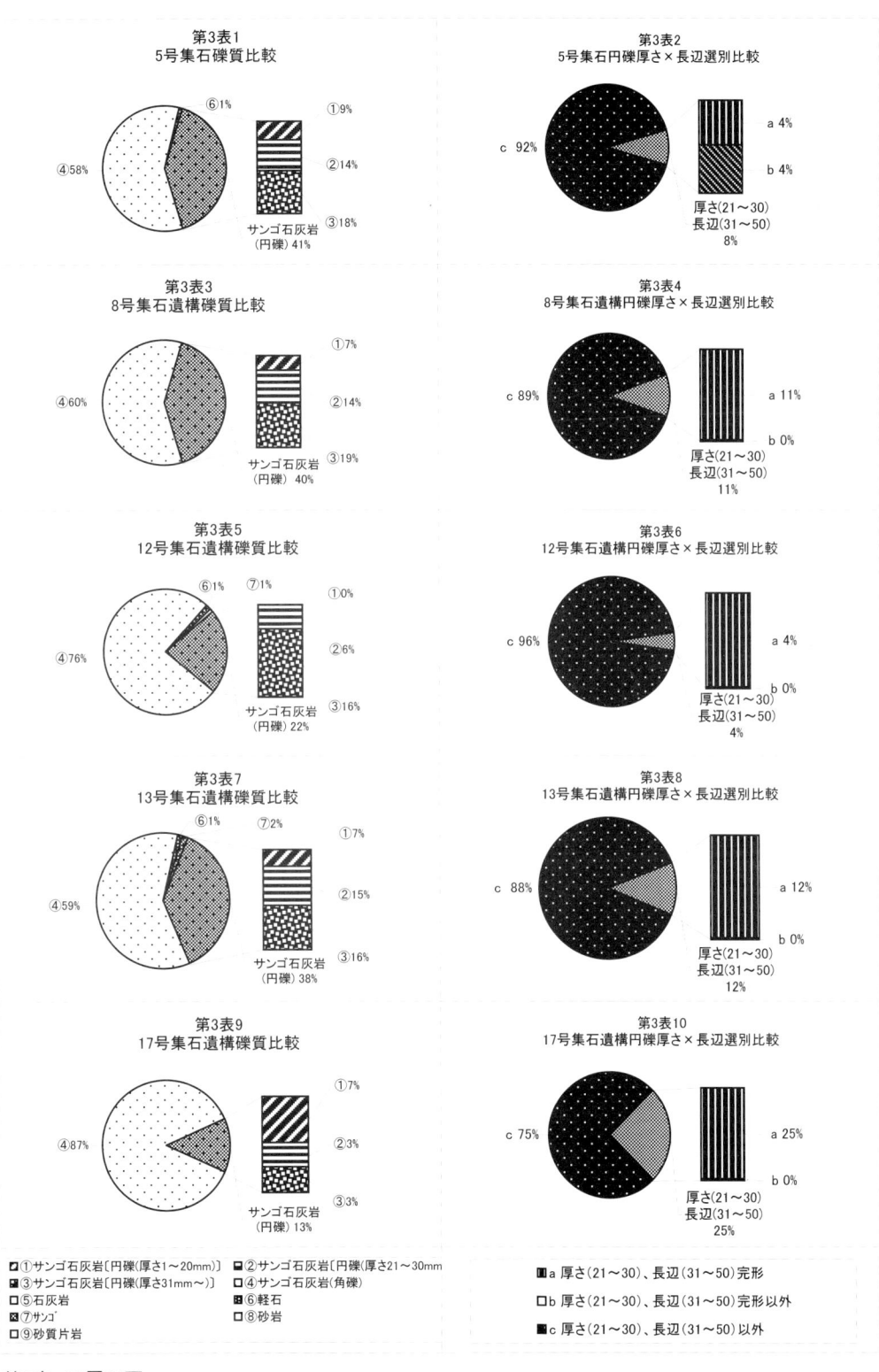

あるが、唯一の検出例となっている。大城逸郎氏の鑑定によれば、石材は、宮古島本島産ではない。大神島には産するが、地質的要因からこの島からの持ち込みとは考えにくい。現在のところ石垣島産の可能性が高いとのご指摘をいただいた。石垣島産ではないかと考えられる石器も一点出土しているので、宮古島本島以外の石材はこれを含め、2点である。

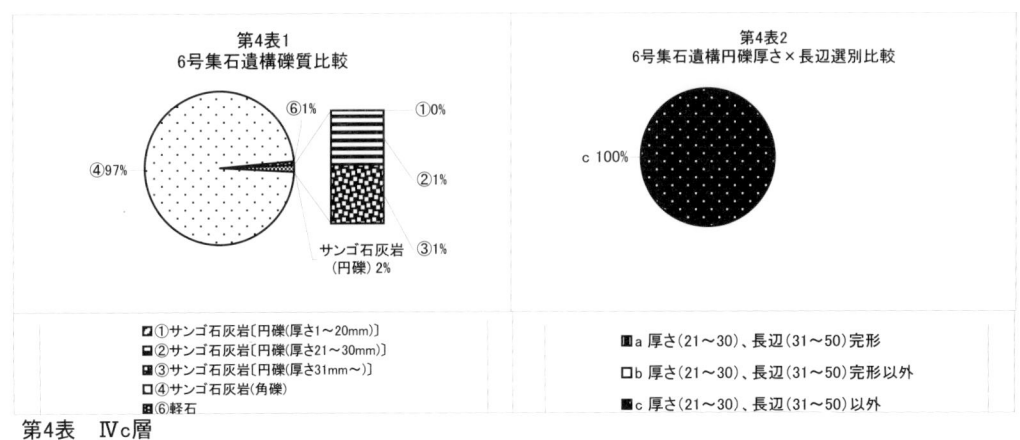

第4表1
6号集石遺構礫質比較

- ④ 97%
- ⑥ 1%
- ① 0%
- ② 1%
- ③ 1%
- サンゴ石灰岩（円礫）2%

第4表2
6号集石遺構円礫厚さ×長辺選別比較

- c 100%

凡例：
- ①サンゴ石灰岩〔円礫（厚さ1～20mm）〕
- ②サンゴ石灰岩〔円礫（厚さ21～30mm）〕
- ③サンゴ石灰岩〔円礫（厚さ31mm～）〕
- ④サンゴ石灰岩（角礫）
- ⑥軽石

凡例：
- a 厚さ(21～30)、長辺(31～50)完形
- b 厚さ(21～30)、長辺(31～50)完形以外
- c 厚さ(21～30)、長辺(31～50)以外

第4表　Ⅳc層

第5表1
14号集石遺構礫質比較

- ④ 77%
- ① 4%
- ② 9%
- ③ 10%
- サンゴ石灰岩（円礫）23%

第5表2
14号集石遺構円礫厚さ×長辺選別比較

- c 77%
- 厚さ(21～30)長辺(31～50) 23%
- a 5%
- b 18%

第5表3
15号集石遺構礫比較

- ④ 63%
- ⑦ 15%
- ① 1%
- ② 11%
- ③ 0%
- サンゴ石灰岩（円礫）22%

第5表4
15号集石遺構円礫厚さ×長辺選別比較

- c 66%
- 厚さ(21～30)長辺(31～50) 34%
- a 17%
- b 17%

第5表5
16号集石遺構礫質比較

- ④ 93%
- ⑥ 1%
- ⑦ 1%
- ⑧ 0%
- ① 2%
- ② 1%
- ③ 2%
- サンゴ石灰岩（円礫）5%

第5表6
16号集石円礫厚さ×長辺選別比較

- c 87%
- 厚さ(21～30)長辺(31～50) 13%
- a 4%
- b 9%

第5表7
18号集石遺構礫質比較

- ④ 88%
- ⑧ 1%
- ⑦ 2%
- ① 1%
- ② 3%
- ③ 5%
- サンゴ石灰岩（円礫）9%

第5表8
18号集石遺構円礫厚さ×長辺選別比較

- c 82%
- 厚さ(21～30)長辺(31～50) 18%
- a 0%
- b 18%

凡例：
- ①サンゴ石灰岩〔円礫（厚さ1～20mm）〕
- ②サンゴ石灰岩〔円礫（厚さ21～30mm）〕
- ③サンゴ石灰岩〔円礫（厚さ31mm～）〕
- ④サンゴ石灰岩（角礫）
- ⑤石灰岩
- ⑥軽石
- ⑦サンゴ
- ⑧砂岩
- ⑨砂質片岩

凡例：
- a 厚さ(21～30)、長辺(31～50)完形
- b 厚さ(21～30)、長辺(31～50)完形以外
- c 厚さ(21～30)、長辺(31～50)以外

第5表　Ⅴc層

アラフ遺跡と同時期と推定される長間底遺跡出土の石斧石材は全て緑色片岩であり、また、石材の破片として自然遺物でとりあげられている石質も緑色片岩である。報告書によれば、これらは「石垣島産の石」で、「石垣島からもちこんだものであろう」とあり、製品は宮古島本島で製作されたものである（沖縄県教育委員会 1984）。いずれにしても今回検出された砂質片岩の小礫は一点であり、他の集石遺構からも検出されていないこともあり、集石遺構に必要性があった石材ではないと考えてよさそうである。

　2号集石（第2表5・6）　全てサンゴ石灰岩で構成されており、円礫の割合は88％と非常に高い。そのうち厚さ21～30mmと31mm以上（最大48mm）の円礫は80％を占め、1～20mmは少ない。円礫は多いが、そこにおける小形円礫の割合は5％とわずかである。いずれも破損礫であった。サンゴ石灰岩の円礫で接合可能なものはない。
　サンゴ石灰岩角礫は全体的に白色かつ脆く、破片面は特に白い。火を受けた可能性がある。

　4号集石（第2表7・8）　98％サンゴ石灰岩で構成されており、円礫の割合は65％と高い。そのうち厚さ30mm以下が56％を占め、31mm以上（最大65mm）は少ない。円礫は多く、その中で小形円礫の割合も24％と高い方である。完形礫が21％、破損礫が3％であった。またサンゴ石灰岩の円礫で接合したのは1点であった。
　サンゴ石灰岩角礫は全体的に白色かつ脆い。なかには表面が灰色で破片面が白色の礫があり、それらは触っていると、表面が剥げて粉状を呈し、または粒状に取れてしまうものもある。火を受けた可能性がある。

　5号集石（第3表1・2）　99％サンゴ石灰岩で構成されており、円礫の割合は41％である。そのうち厚さは比較的均等関係にある。小形円礫は8％と低い。完形礫と破損礫は同じ割合であった。またサンゴ石灰岩の円礫で接合したのは1点であった。
　サンゴ石灰岩角礫は、全体的に白色かつ若干脆い。なかには表面が灰色で破片面が白色の礫があり、それらは触っていると、表面が剥げて粉状を呈し、または粒状に取れてしまうものもある。火を受けた可能性がある。

　8号集石（第3表3・4）　全てサンゴ石灰岩で構成されており、円礫の割合は40％である。そのうち厚さは1～20mmが7％で、21～30mmと31mm以上（最大50mm）はほぼ同じ比率である。小形円礫は11％と低い。いずれも完形であった。またサンゴ石灰岩の円礫で接合したのは1点であった。
　サンゴ石灰岩角礫は、全体的に白色かつ脆くない。ただし1cm台の礫は脆い。おそらく火を受けたのであろう。

　12号集石（第3表5・6）　99％サンゴ石灰岩で構成されており、円礫の割合は22％と低い。そのうち厚さは31mm以上（最大70mm）が最も多い比率で、1～20mmの礫はない。小形円礫は4％とわずかである。いずれも完形であった。またサンゴ石灰岩の円礫で接合可能なものはない。
　サンゴ石灰岩角礫は全体的に灰色かつ脆くない。ただし2・3cm台の礫の破片面は白色で脆い。おそらく火を受けたのであろう。

13号集石（第3表7・8）　97％サンゴ石灰岩で構成されており、円礫の割合は38％である。そのうち厚さは1～20mmが7％で、21～30mmと31mm以上（最大90mm）はほぼ同じ比率である。小形円礫は12％と低い。いずれも完形であった。またサンゴ石灰岩の円礫で接合したのは12点であった。

　サンゴ石灰岩角礫は、灰色かつ脆くない。ただし2・3cm台の礫は脆い。おそらく火を受けたのであろう。

17号集石（第3表9・10）　全てサンゴ石灰岩で構成されており、円礫の割合は13％と低い。そのうち厚さは1～20mmが7％で、21～30mmと31mm以上（最大50mm）は3％である。小形円礫は25％と高い。いずれも完形であった。またサンゴ石灰岩の円礫で接合したのは1点であった。

　サンゴ石灰岩角礫は、白色かつ脆くない。ただし2・3cm台の礫は脆い。おそらく火を受けたのであろう。

3）Ⅳc層

　本層は6・9・10・11号集石の4基が出土しており、いずれもB類である。9・10・11号集石は、礫・共伴遺物の所在が現在不明であるため今回は割愛とする。

6号集石（第4表1・2）　99％サンゴ石灰岩で構成されており、円礫の割合は2％と非常に低い。そのうち厚さ1～20mmはなく、21～30mmと31mm以上（最大49mm）は1％である。小形円礫はない。またサンゴ石灰岩の円礫で接合可能なものはない。

　サンゴ石灰岩角礫は、全体的に白色で脆く、破片面は更に白い。火を受けた可能性がある。

4）Ⅴc層

　本層は14・15・16・18号集石の4基が出土しており、Ⅳ－c層と同じ量である。15・18号集石はA類で、14・16号集石はB類である。特に16号集石は、掘り込みが最も深い遺構である。

14号集石（第5表1・2）　全てサンゴ石灰岩で構成されており、円礫の割合は23％である。そのうち厚さは1～20mmが4％で、21～30mmと31mm以上（最大59mm）はほぼ同じ比率である。小形円礫は23％と高い。完形礫が5％、破損礫が18％であった。またサンゴ石灰岩の円礫で接合可能なものはない。

　サンゴ石灰岩角礫は灰色かつ脆くない。ただし2・3cm台の礫は脆い。また、1号集石同様、礫の角は丸みを帯びている。火を受けた可能性がある。

15号集石（第5表3・4）　85％のサンゴ石灰岩と15％のサンゴで構成されており、円礫の割合は22％である。そのうち厚さは1～20mmと21～30mmが同じ比率の11％で、31mm以上はない。小形円礫は34％で、検出された遺構中最も高い比率を示す。完形礫と破損礫の比率は17％と同じである。またサンゴ石灰岩の円礫で接合したのは1点であった。

　サンゴ石灰岩角礫は黒色かつ脆くない。状態が良好なためか、触っても粉状のものは付着しない。

16号集石（第5表5・6）　92％サンゴ石灰岩で構成されており、円礫の割合は6％と非常に低い。そのうち厚さは比較的一定量を示す。小形円礫の割合は13％と低い。完形礫が4％で、破損礫が9％であった。またサンゴ石灰岩の円礫で接合可能なものはない。

サンゴ石灰岩角礫は黒色かつ脆くない。状態が良好なためか、触っても粉状のものは付着しない。ただしなかには角が削れているため、白色の破損面を露呈し脆い礫もある。

18号集石（第5表7・8）　97％サンゴ石灰岩で構成されており、円礫の割合は9％と非常に低い。そのうち厚さ1～20㎜と21～30㎜は似通った比率で、31㎜以上（最大75㎜）が5％である。小形円礫は18％と低い。いずれも破損礫であった。またサンゴ石灰岩の円礫で接合可能なものはない。

サンゴ石灰岩角礫は灰色かつ脆くない。状態が良好なためか、触っても粉状のものは付着しない。ただし4・5点ほど白色で脆い礫がみられた。

まとめ

集石遺構については礫を中心に検討を試みた。構成礫については、すべての遺構がほぼサンゴ石灰岩であることがわかった。他の石材として1号集石にみられるような宮古島本島には無い砂質片岩（小礫一点）や軽石などが僅かに見られるが、特に石材選択の意図は認められそうにない。利用している石材はおそらく近くの海岸や河川地などで採集可能であったと考えられる。

今回、集石遺構の構成石材の中で、サンゴ石灰岩を円礫と角礫に分け、さらに小型の完形円礫に注目した。小型完形円礫はⅢ層下面の4・17号集石遺構、Ⅴc層の14・15号集石遺構で比較的多く伴う傾向が認められた。しかしながら、機能や用途にどのような影響を与えているかまでは探れず、引き続き検証していくこととした。

角礫については脆くない礫と脆い礫が混在する傾向が確認できた。脆い礫は概ね白色で、これらは触っていると表面が剥げて粉状を呈し、または粒状に取れてしまう。大きさは2～4cm台の比較的小型のものが多い。このことは脆くて小型化したような様相である。サンゴ石灰岩は火を受けると化学変化をおこし、礫が破損する。今回のケースが被熱からくるものなのかは検証する必要性がある。

その一助として礫の接合関係を試みた。角礫は表面がもろいこともあり、今回は保留とし、円礫に絞った。同じ遺構内において接合関係が認められれば、被熱による破損を考えることができる。結果は、接合できるものが一遺構に1点有るか無いかの状況であったが、接合することが確認できた。角礫も考慮するとその点数は増える可能性がある。

礫の被熱の有無については、主に円礫に絞って観察を試みた。①破損礫かどうか、②破損礫の破損部位に、黒色または赤色が認められるかを基準として作業を進めた。

②については赤色が被熱による色の変化なのか、岩質の持つ色であるのかを肉眼で観察することが困難であった。黒色の部位が煤なのかどうか、角礫を含め、化学分析を行う必要性がある。ただ、角礫は先述したように、ほとんどが白色で礫の状態が脆い傾向にあることから、被熱を受けた可能性がある。

共伴遺物は集石遺構の機能や用途を考える上で重要な要素である。遺構内からの貝類の出土量は第6表に示したが、その出土量は遺構外に比較するとわずかである。動物遺存体については、一部未集成であるが、ほとんどがサンゴ礁内の魚類であり、他の動物骨に比較しても圧倒的に魚骨が多いことが確認できた（宮路

第6表 集石遺構貝出土表

種名＼遺構	10号	12号	13号	13号下面	14号	15号	16号	17号	18号	1号	4号	5号	6号B	7号	8号	9号	合計
イソハマグリ	1	0	0	0	0	1	0	0	1	1	0	0	0	0	8	0	12
キバアマガイ	1	0	2	0	0	0	0	0	0	0	0	0	0	0	0	0	3
アツムシロ	0	1	0	0	0	0	0	0	0	0	3	0	0	0	0	0	4
アマオブネ	0	2	4	1	0	0	0	0	0	0	2	2	1	0	5	0	17
イシダタミアマオブネ	0	14	7	0	1	3	0	0	0	0	6	0	0	0	0	0	31
オニノツノガイ科の一種	0	2	2	0	0	0	0	0	0	0	0	0	0	0	0	0	4
カワニナ	0	13	8	2	0	0	0	1	1	7	0	1	0	0	5	0	38
コンペイトウ	0	5	1	0	0	0	1	0	0	1	0	0	0	0	1	0	9
ニシキウズ科の一種	0	1	1	0	0	0	0	0	0	0	0	0	0	0	0	0	2
ヒメオリイレムシロ	0	1	0	0	0	0	0	0	0	0	0	0	0	0	0	0	1
リュウキュウアマガイ	0	4	1	0	0	0	0	0	1	1	2	0	0	0	0	1	10
イガムシロ	0	1	1	0	0	0	0	0	0	0	0	0	0	0	0	0	2
オキナワウスカワマイマイ	0	12	0	22	0	3	0	14	1	14	9	1	5	0	1	1	83
ニシキアマオブネ	0	4	12	1	0	0	0	1	0	3	4	1	1	0	0	1	28
リュウキュウマスオ	0	2	1	0	0	0	0	0	0	0	0	0	0	0	0	0	3
不明	0	2	5	0	2	0	2	0	1	14	0	0	6	0	21	0	53
クモガイ？	0	1	0	0	0	0	0	0	0	0	0	0	0	0	0	0	1
ナガイトマキボラ	0	1	0	0	0	0	0	0	0	0	0	0	0	0	0	0	1
クモガイ	0	2	0	0	0	0	0	0	0	0	2	1	0	3	0	0	8
コオニノツノガイ	0	1	0	0	0	0	1	0	0	0	0	0	0	0	0	0	2
チョウセンサザエ	0	27	0	0	0	0	0	0	2	19	12	19	11	6	5	0	101
ミヤコヤマタニシ	0	22	0	85	0	7	0	22	1	26	28	7	16	0	1	1	216
シャコガイ科の一種	0	0	1	0	0	0	0	0	0	0	2	0	0	1	3	0	7
アカイガレイシ	0	0	1	0	0	0	0	0	0	0	0	0	0	0	0	0	1
ウネレイシダマシ	0	0	2	0	0	0	0	0	0	0	0	0	0	0	0	0	2
オオヒシガイ	0	0	1	0	0	0	0	0	0	0	0	0	0	0	0	0	1
クチベニレイシダマシ	0	0	1	0	0	0	0	0	0	0	0	0	0	0	0	0	1
コシタカサザエ	0	0	1	0	0	0	0	0	0	0	0	0	0	0	0	0	1
トウガタカワニナ	0	0	1	0	0	0	0	0	0	2	0	0	0	0	0	0	3
ヌノメカワニナ	0	0	2	0	0	0	0	0	0	1	1	0	0	0	0	0	4
ハギノツユ	0	0	1	0	0	0	0	0	0	0	0	0	0	0	0	0	1
フトコロガイ	0	0	1	0	0	0	0	0	0	0	0	0	0	0	0	0	1
ホラダマシ	0	0	1	0	0	0	0	0	0	0	0	0	0	0	0	0	1
リスガイ	0	0	1	0	0	0	0	0	0	0	0	0	0	0	0	0	1
ノバルマイマイ	0	0	0	2	0	0	0	1	0	0	0	1	0	0	0	0	4
アオフイマイ	0	0	0	2	0	1	0	1	0	1	0	0	0	0	0	0	5
サキシマヒシマイマイ	0	0	0	1	0	0	0	0	0	0	0	0	0	0	0	0	1
レイシダマシ	0	0	0	0	1	0	0	0	0	0	0	0	0	0	0	0	1
ツノレイシ	0	0	0	0	0	0	1	0	0	1	0	0	0	0	0	0	2
キバタケガイ	0	0	0	0	0	0	0	1	0	0	0	0	0	0	0	0	1
パタラシノミギセル	0	0	0	0	0	0	0	0	1	1	0	0	0	0	0	1	3
シラクモガイ	0	0	0	0	0	0	0	0	0	1	0	0	0	0	0	0	1
ウスイロヘソカドガイ	0	0	0	0	0	0	0	0	0	1	0	0	0	0	0	0	1
ヨコワカニモリ	0	0	0	0	0	0	0	0	0	1	0	0	0	0	0	0	1
サラサバテイ	0	3	0	0	0	0	0	0	0	16	7	14	2	0	10	0	52
シラナミガイ	0	0	0	0	0	0	0	0	0	1	1	0	0	0	0	0	2
キクスズメ	0	0	0	0	0	0	0	0	0	0	2	0	0	0	3	0	5
タマキビガイ科の一種	0	0	0	0	0	0	0	0	0	0	1	0	0	0	0	0	1
ヒメクワノミカニモリ	0	0	0	0	0	0	0	0	0	0	1	0	0	0	0	0	1
スイジガイ	0	0	0	0	0	0	0	0	0	0	2	0	0	1	0	0	3
ウラキヤマタカマイマイ	0	0	0	0	0	0	0	0	0	0	0	0	1	0	0	0	1
ヒメシロレイシダマシ	0	0	0	0	0	0	0	0	0	0	0	0	0	0	1	0	1
ヒメヨウバイ	0	0	0	0	0	0	0	0	0	0	0	0	0	0	0	0	0
サメザラガイ	0	0	0	0	0	0	0	0	0	0	0	0	0	0	2	0	2
イモガイ科	0	1	0	0	0	0	0	0	0	0	0	0	0	0	0	0	1
マガキガイ	0	0	0	0	0	0	0	0	0	0	0	0	0	1	0	0	1
マイマイの一種	0	2	0	0	0	0	0	0	0	15	41	25	21	1	0	0	105
レイシガイ類	0	0	0	0	0	0	0	0	0	0	0	0	0	0	1	0	1
タカラガイの一種	0	0	0	0	0	0	0	0	0	0	1	0	0	0	9	0	10
合計	2	124	59	116	4	15	3	42	10	119	135	71	65	13	66	16	860

2003）。これらのことが機能や用途論にどのような影響を与えるかは、まだ結論を得ていない。未同定のデータを含めて再分析し、考察をしたい。

　アラフ遺跡で出土した集石遺構はマウンド状に盛り上がる形態のものは検出されていない。掘り込みを確認できないものもあり、砂丘遺跡という条件のなかでの遺構確認の困難さを認識せざるをえない。マウンド、掘り込み、被熱の問題などに留意を払い、今後の発掘調査を進めたいと考えている。総合的に検証することで、集石遺構のアラフ遺跡での役割を検証したいと考えている。　　　　　　　　　　　　　　　　　（知念政樹）

第3節　貝溜まり遺構

　遺構はH－9・H－10に位置し、Ⅳb層中にて検出された。H－9とH－10のほぼ全面に貝が分布していたことから、貝溜まり遺構（第15図）とした。本遺構からは、チョウセンサザエとサラサバテイが主に出土しており、この2種の分布および特徴を明らかにすることを試みた。

1）範囲ごとの種類別割合

　貝溜まり遺構からは、チョウセンサザエとサラサバテイを主とした30種類の貝が出土している。これらの最大個数を計測し、貝溜まり遺構から出土した貝の種類別の割合を、以下の範囲ごとに示したのが第7表である。二枚貝、不明貝、1％未満の貝も含めた割合を求め、1％未満の貝種は表下の凡例にのみ種名を記載した。
　・遺構上下面、H－9上下面、H－10上下面
　・遺構上面、H－9上面、H－10上面
　・遺構下面、H－9下面、H－10下面

　遺構から出土した貝は、チョウセンサザエとサラサバテイの2種が8割以上を占めている。これらの遺構全体での割合は、チョウセンサザエ50％（594個）、サラサバテイ36％（422個）である。遺構上面ではチョウセンサザエ51％（263個）、サラサバテイ31％（160個）、遺構下面ではチョウセンサザエ50％（331個）、サラサバテイ39％（262個）で、チョウセンサザエが上下面それぞれにおいても5割を占めていることが分かる。

　遺構上面をグリッドごとに見ると、H－9はチョウセンサザエが60％（207個）、サラサバテイが20％（75個）の割合なのに対し、H－10はチョウセンサザエが33％（56個）、サラサバテイが50％（85個）の割合となっている。このことから、遺構の上面では、H－9がチョウセンサザエの集中地であり、H－10はサラサバテイの集中地であることが分かる。

　これに対して遺構下面では、H－9はチョウセンサザエ50％（320個）、サラサバテイ40％（254個）、H－10はチョウセンサザエ55％（11個）、サラサバテイ40％（8個）と、割合は遺構全体に比較的近い数値を示しているが、H－9と比べてH－10は個数が極端に少なく、遺構下面ではチョウセンサザエとサラサバテイはH－9に集中していることが分かる。

　遺構の上下面から出土しているチョウセンサザエとサラサバテイ以外の貝類は、シャコガイ類4％（43個）、クモガイ2％（26個）、ギンタカハマ1％（13個）、スイジガイ1％（7個）と少なく、採集種の選択性が高かったと考えられる。この中で個数の多いシャコガイ類については、貝斧や利器が出土していることから、これらを製作するために持ち込まれたものと思われる。道具として利用されているクモガイやスイジガイをはじめ、他の貝を含めた貝溜まり遺構の再検討は今後の課題である。

2）チョウセンサザエの考察

分類方法と範囲ごとの分類別割合

　チョウセンサザエは他の貝よりも出土数が圧倒的に多い。これを観察した結果、ある特徴がみられた。以下、考察を試みる。チョウセンサザエの部位名称と割れ方は、第35図に示した通りである。観察の際に総点

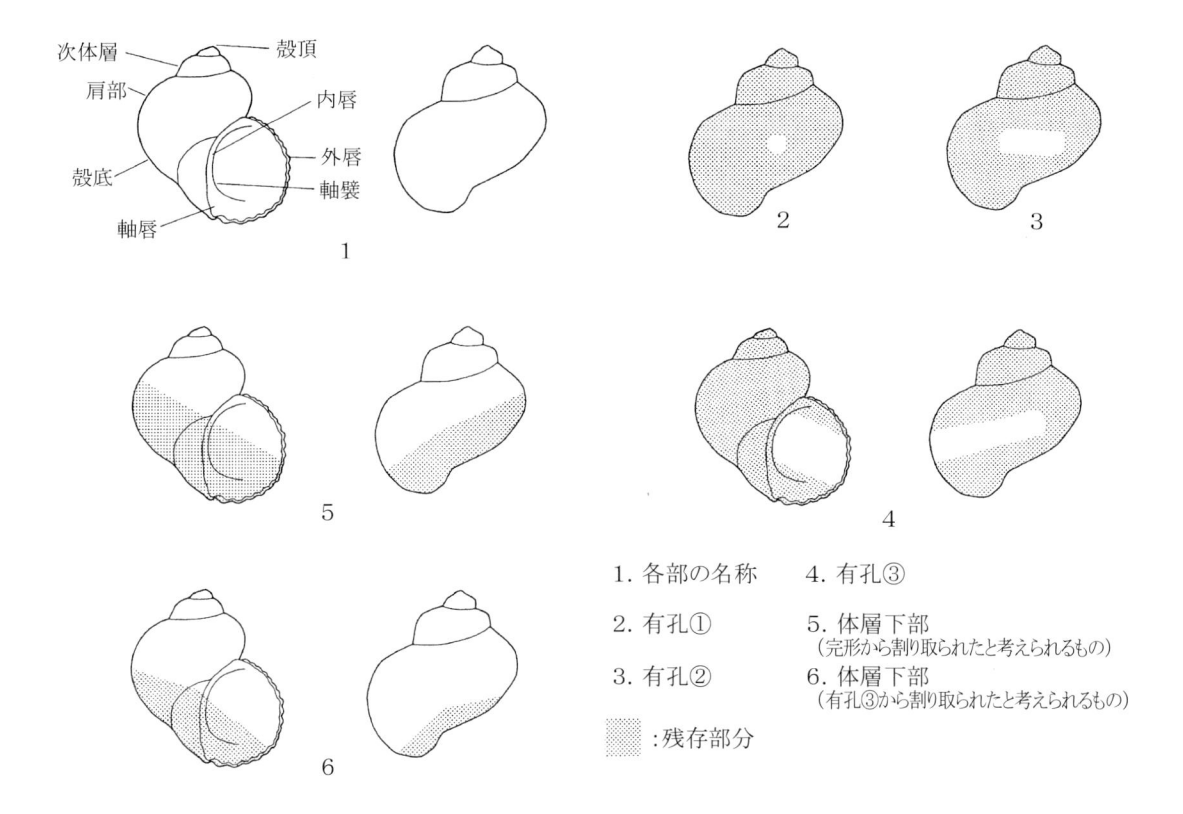

第35図　チョウセンサザエの部位名称と割れ方（模式図）

数594点（最大個数）を以下の通りに分類した。チョウセンサザエ（最大個体数594点、最小個体数137点）

　　a－完形（殻口が一部欠損しているものも含む）58点

　　b－殻頂部（殻頂から次体層までが残っているもの）11点

　　c－有殻頂（殻頂から体層の上部または一部が残っているもの）68点

　　d－有孔（体層背面に孔が開いているもの）77点

　　e－1 体層（体層片の長辺が3cm以上残っているものも含む）59点

　　　　2 体層下部（肩部から外唇縁にかけて縦に打割されたもの）96点

　　f－片（3cm以下の破片）156点

　　フタ（一部欠損がみられるものも含む）69点

dは、孔の形状に特徴がみられるため、以下の通り細分化した。

　　①：円形（直径約1cm前後）24点（第35図2）

　　②：方形（長軸約3～6cm、短軸約1.5～3cm）18点（第35図3）

　　③：②を殻口まで拡張したもの35点（第35図4）

貝溜まり遺構から出土したチョウセンサザエを分類し、a～gそれぞれの割合を以下の範囲ごとに示したのが第8表である。

　　・遺構上下面、H－9上下面、H－10上下面

　　・遺構上面、H－9上面、H－10上面

　　・遺構下面、H－9下面、H－10下面

第7表　貝溜まり遺構から出土した貝の種別割合
※最大個数を用いて作成
　二枚貝、貝(不明)、1%未満の貝種は凡例に表示

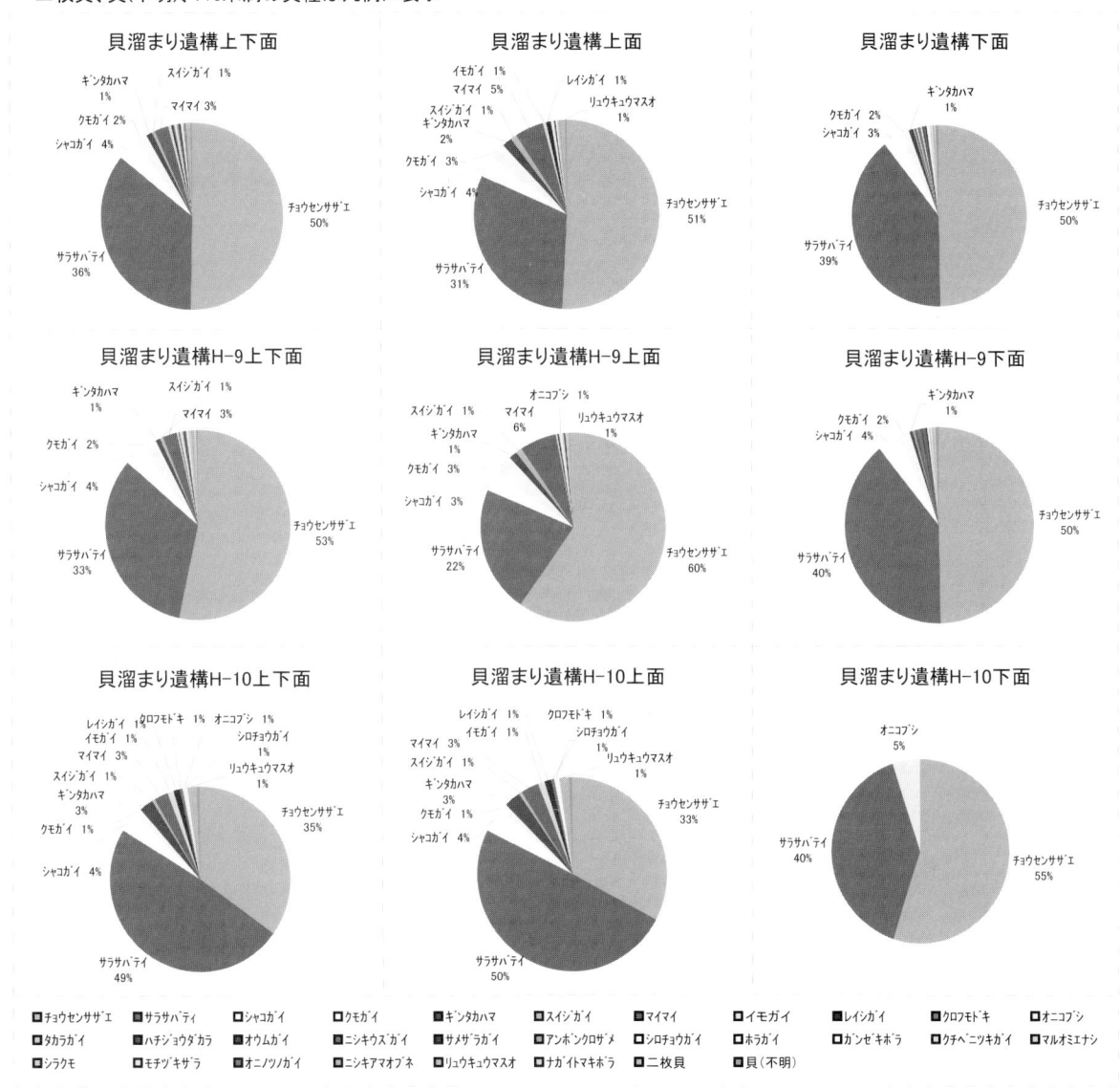

貝溜まり遺構上下面
- チョウセンサザエ 50%
- サラサバテイ 36%
- シャコガイ 4%
- クモガイ 2%
- ギンタカハマ 1%
- スイジガイ 1%
- マイマイ 3%

貝溜まり遺構上面
- チョウセンサザエ 51%
- サラサバテイ 31%
- シャコガイ 4%
- クモガイ 3%
- ギンタカハマ 2%
- スイジガイ 1%
- マイマイ 5%
- イモガイ 1%
- レイシガイ 1%
- リュウキュウマスオ 1%

貝溜まり遺構下面
- チョウセンサザエ 50%
- サラサバテイ 39%
- シャコガイ 3%
- クモガイ 2%
- ギンタカハマ 1%

貝溜まり遺構H-9上下面
- チョウセンサザエ 53%
- サラサバテイ 33%
- シャコガイ 4%
- クモガイ 2%
- ギンタカハマ 1%
- スイジガイ 1%
- マイマイ 3%

貝溜まり遺構H-9上面
- チョウセンサザエ 60%
- サラサバテイ 22%
- シャコガイ 3%
- クモガイ 3%
- ギンタカハマ 1%
- スイジガイ 1%
- マイマイ 6%
- オニコブシ 1%
- リュウキュウマスオ 1%

貝溜まり遺構H-9下面
- チョウセンサザエ 50%
- サラサバテイ 40%
- シャコガイ 4%
- クモガイ 2%
- ギンタカハマ 1%

貝溜まり遺構H-10上下面
- チョウセンサザエ 35%
- サラサバテイ 49%
- シャコガイ 4%
- クモガイ 1%
- ギンタカハマ 3%
- スイジガイ 1%
- マイマイ 3%
- イモガイ 1%
- レイシガイ 1%
- クロフモドキ 1%
- オニコブシ 1%
- シロチョウガイ 1%
- リュウキュウマスオ 1%

貝溜まり遺構H-10上面
- チョウセンサザエ 33%
- サラサバテイ 50%
- シャコガイ 4%
- クモガイ 1%
- ギンタカハマ 3%
- スイジガイ 1%
- マイマイ 3%
- レイシガイ 1%
- クロフモドキ 1%
- シロチョウガイ 1%
- リュウキュウマスオ 1%

貝溜まり遺構H-10下面
- チョウセンサザエ 55%
- サラサバテイ 40%
- オニコブシ 5%

凡例：チョウセンサザエ、サラサバテイ、シャコガイ、クモガイ、ギンタカハマ、スイジガイ、マイマイ、イモガイ、レイシガイ、クロフモドキ、オニコブシ、タカラガイ、ハチジョウダカラ、オウムガイ、ニシキウズガイ、サザメガイ、アンボンクロザメ、シロチョウガイ、ホラガイ、カンゼキボラ、クチベニツキガイ、マルオミエナシ、シラクモ、モチヅキザラ、オニノツノガイ、ニシキアマオブネ、リュウキュウマスオ、ナガイトマキボラ、二枚貝、貝(不明)

　チョウセンサザエは、ゆでた後に、殻を割らずに肉を取り出すことは比較的容易である（黒住 2001）。しかし、本遺構から出土したチョウセンサザエのうち、完形は10%（58個）を占める程度であることから、殻を割って肉を取ったか、肉を取った後に殻を割ったと考えられる。

有孔と体層下部

　チョウセンサザエを分類する際に、有孔に孔の形状の規則性が、体層下部の形状には同一性がみられた。
　有孔の77点という出土数は、体層下部の96点と比較するとやや少ない。グリッドごとにみると、有孔はH－9から61点、H－10から16点出している。
　有孔①は、体層の背面に小さな孔を開けただけのもので、肉を取り出すために開けられたと考えられる。有孔②、③は、食用とした後に殻を利用するために①を拡張したものと思われる。また①から②、そして③と孔を拡張し、③を何らかに利用したような工程がみられる。これについては今後の検討課題である。

第8表　貝溜まり遺構出土のチョウセンサザエ分類別割合

※最大個数を用いて作成
　分類項目の名称は凡例に表示

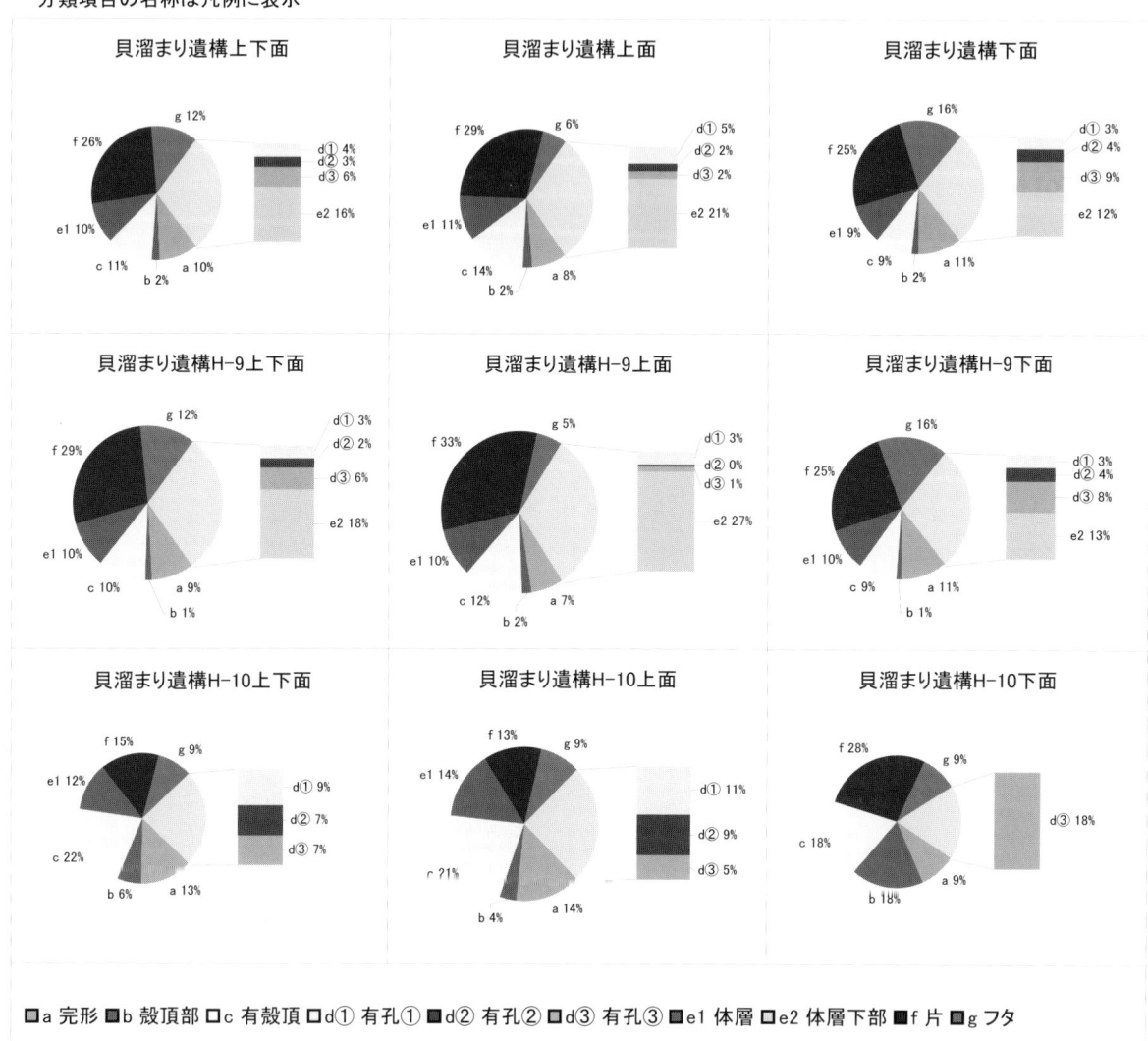

貝溜まり遺構上下面	貝溜まり遺構上面	貝溜まり遺構下面
g 12%, f 26%, e1 10%, c 11%, b 2%, a 10%, e2 16%, d③ 6%, d② 3%, d① 4%	f 29%, g 6%, e1 11%, c 14%, b 2%, a 8%, e2 21%, d③ 2%, d② 2%, d① 5%	g 16%, f 25%, e1 9%, c 9%, b 2%, a 11%, e2 12%, d③ 9%, d② 4%, d① 3%

貝溜まり遺構H-9上下面	貝溜まり遺構H-9上面	貝溜まり遺構H-9下面
g 12%, f 29%, e1 10%, c 10%, b 1%, a 9%, e2 18%, d③ 6%, d② 2%, d① 3%	f 33%, g 5%, e1 10%, c 12%, b 2%, a 7%, e2 27%, d③ 1%, d② 0%, d① 3%	g 16%, f 25%, e1 10%, c 9%, b 1%, a 11%, e2 13%, d③ 8%, d② 4%, d① 3%

貝溜まり遺構H-10上下面	貝溜まり遺構H-10上面	貝溜まり遺構H-10下面
f 15%, g 9%, e1 12%, c 22%, b 6%, a 13%, d③ 7%, d② 7%, d① 9%	f 13%, g 9%, e1 14%, c 21%, b 4%, a 14%, d③ 5%, d② 9%, d① 11%	f 28%, g 9%, c 18%, b 18%, a 9%, d③ 18%

■a 完形　■b 殻頂部　□c 有殻頂　□d① 有孔①　■d② 有孔②　■d③ 有孔③　■e1 体層　□e2 体層下部　■f 片　■g フタ

　体層下部は、貝溜まり遺構から96点、そのうち上面から55点、下面から41点出土しており、占める割合が多い。グリッドごとでは、H-10にはまったくみられず、すべてH-9から出土している。

　割れ方の特徴としては、体層が肩部の下から外唇縁にかけて縦に半截され、さらに背面を殻底の上の螺肋に沿って水平に打割されている。そして、外唇および殻軸が欠損している（第35図5）。また、殻底と軸襞のみが残っているものも一部みられ、形の整った典型的なものが、2001年11月に実施した3次調査の際にⅠ-10のⅤ-b層から1点出土している（第35図6）。これらはすべて打割面が直線的で、鋭利なもので割られたと思われる。

　体層下部のなかには、有孔③を更に打割して切り離したと思われるものも含まれていると考え、以下の組合せで有殻頂との接合を試みた。

　　・H-9上面から出土した有殻頂と体層下部
　　・H-9下面から出土した有殻頂と体層下部
　　・H-9上面から出土した有殻頂とH-9下面から出土した体層下部

・H－9下面から出土した有殻頂とH－9上面から出土した体層下部
・H－10上面から出土した有殻頂とH－9上下面から出土した体層下部

ほとんどの有殻頂と体層下部は、殻軸および軸襞が欠損し、また体層およびその上部の復元が困難なため、有殻頂と体層下部の接合ができなかった。そのなかで1個体となったのは、4組である。これらはすべてH－9のチョウセンサザエ集中地およびその周辺（第15図）から出土したもので、完形と有孔③がそれぞれ2組復元できた。これらのほかには、2002年3月に実施された調査で2号竪穴遺構から出土した有殻頂1点と体層下部1点が接合でき、完形1組が復元できた。

いくつかの完形は外唇縁が欠損しており、接合できた完形にも同様の欠損がみられる。これは肉を取る際に打割されたものと考えられる。

殻底と軸襞のみが残った体層下部は、有殻頂と接合すると有孔③になる。このタイプの体層下部は、体層にあたる部分の螺軸の根元から切り離されたものであることが分かった。これによって、有孔③は体層下部を切り取る途中のものであると考えられる。

このような殻の割り方や打割の道具等については現在検討中である。

まとめ

本遺構は、分布範囲の異なる上下2面で構成され、チョウセンサザエとサラサバテイが出土した貝の主体をなしている。この2種を含む出土した海産貝はすべてサンゴ礁域に棲息するものである。

人工遺物としては、遺構の上面からシャコガイ製貝斧1点、シャコガイ製利器1点、シャコガイ製品2点、クモガイ製利器1点、スイジガイ製利器片1点、クチベニツキガイ製の貝刃1点が出土している。下面からは、上面で貝斧が出土した下層からサメザラガイ製の貝刃が1点得られている。

チョウセンサザエとサラサバテイ以外の出土した貝のなかで、最も個数の多いシャコガイ類は、貝斧や利器も出土していることから、これらを製作するために持ち込まれたものと思われる。このほかクモガイやスイジガイなども、道具として利用していたと考えられる。

チョウセンサザエの出土数は、他の貝に比べて圧倒的に多く、全出土点数（最大個数1181点）の50％（最大個数596点）の割合を占める。遺構の上下面それぞれにおいても出土数の割合が5割を占める。チョウセンサザエをa～gに分類して観察した結果、体層に開いた孔と体層の割れ方に特徴がみられた。

孔は体層の背面に開けられており、その形状から①②③に3分類した。①は肉を取り出すために開けられたものと考えられるが、②および③は、肉を取ることを目的とするには大きく、なぜこのような孔を開けたのか興味深い問題である。

また、肩部から外唇にかけて縦に半截され、その断面が直線的な割れ方をしている体層下部が96点出土している。殻底から上が欠損しているものも一部みられ、これらを体層下部として体層と分けて、有殻頂との接合を試みた。その結果、完形と有孔③がそれぞれ2組復元できた。

接合した殻を観察すると、肩部から外唇にかけて半截された体層下部は完形になり、背面から打割されていること、殻底から上が欠損している体層下部は有孔③の体層にあたる部分の殻軸の根元から切り離されていることが分かった。このような殻の割り方には、何らかの目的があるように思われ、現在検討中である。このほか、2002年3月に実施した調査で、2号住居址から出土した有殻頂と体層下部の接合も試みたところ完形が1組できた。また有孔③から切り離された体層下部と同様のものが、2号竪穴遺構からも1点出土し

ており、貝溜まり遺構以外から出土したものを含めた再検討が今後の課題である。

　サラサバテイは全出土点数の36％（最大個数422点）を占めている。リーフ外の礁斜面に生息するサラサバテイは、従来潜水漁による採集と考えられてきたが、漁獲圧の低かった時代にはサンゴ礁の干瀬の上でも大型個体が得られたものと考えられる（黒住 2001）。チョウセンサザエと同様に干瀬の上で採集できたとすれば、個数と割合の多さが理解できる。なお、サラサバテイの殻の割れ方には、チョウセンサザエのような特徴はみられない。しかし、本遺構から出土した貝の主体をなす1種であることは確かであり、採集にあたっての選択性が高かったことが分かる。このほかにシャコガイ類、クモガイ、スイジガイなどの道具として使用されている貝も出土していることもふまえ、遺構との関係の検討が必要である。　　　　　（金城英樹）

第4節　出土遺物

　アラフ遺跡第5次までの発掘調査で出土した人工遺物は41点である。人工遺物の中でシャコガイ製製品が最も多く、15点、スイジ貝製利器10点、クモガイ製品6点、貝製ビーズ3点、クロチョウガイ製製品1点、サメ歯製品2点、獣歯製品1点、打製石器1点、敲石1点、土器片2点が出土している。その他、二枚貝の有孔貝製品、イモガイ製品、貝刃と思われるものが検出されているが、更なる検討が必要なため、詳細は次回の報告に記載する。また、出土地点不明のもの、表採品についても同様である。

　本節では各種類別に若干の考察を加えて記載する。

1）シャコガイ製製品

　シャコガイには大型種から順にオオジャコ（Tridacna gigas）、ヒレナシジャコ（Tridacna derasa）、ヒレジャコ（Tridacna squamosa）、シャゴウ（Hippopus hippopus）、シラナミ（Tridacna maxima）、ヒメジャコ（Tridacna crocea）の6種があり、種ごとにそれぞれの特質をもっている。シャコガイ製製品は一般的に貝斧と総称されているが（大濱 1975、安里 1993、小田 2000）、その種により製品の形状は異なり、貝斧の用途以外の製品も含まれる。以下種ごとにシャコガイ製製品の特徴を述べる。

オオジャコあるいはヒレナシジャコ製製品

　ヒレナシジャコあるいはオオジャコの後背縁（蝶番部）を使用した、典型的な貝斧がⅢ層から1点、Ⅳ層から2点、層序不明が1点出土している。他にも表採品は数多い。

　第31図－7、図版8－7は、殻表側を全面研磨し、殻内側も側面の両面ともに丁寧に磨かれている。刃部は殻表・殻内両面から研磨された両刃であり、殻表側をより広く研ぎ出している。

　第34図－34、図版10－34は、全体に丹念に研磨し、刃部は殻表・殻内両面から研磨され、蛤状の両刃になっている。

　第32図－21、図版9－21は、殻頂付近より後縁先端まで使用した大型の製品である。打割調整しているが、おおむね自然のままで研磨は見られない。刃部も特に研磨はされておらず、刃縁は弧状を呈するが鋭利ではない。

　層序の不明な完形品資料が1点出土している。J－10区の排土から出土したものでⅢ～Ⅳ層のものと思われる。殻表側・殻内側・側面の背縁・腹縁側とも自然面を残さず、研磨している。側面観はほぼ蛤状を呈す

る両刃である（本報告では未発表）。

ヒレジャコ製製品

　後背縁（蝶番部）を使用した小型の利器がⅣ層から2点出土している。小型であることとその形状から、柄を付けずに手で握って細かな作業に使用したものと考えられる。第33図－25、図版10－25は、後背縁のみならず後部の大部分を使用し、腹縁部は打割調整している。刃部は鋭くノミ状を呈している。後縁の殻内・殻表両側を研磨し、刃縁はノミ状に鋭い。第32図－20、図版9－20は、これのさらに小型の製品である。同様の製品にはⅤ層の2号竪穴遺構から出土した資料1点（本報告では未発表）がある。

　また、殻全体を使用した製品がⅣ層から1点出土している。第33図－30、図版10－30は、腹縁側をすべて打割加工してあるが、中央部の最も大きな放射肋のみを2cmほど突出させて先端が尖る形状に加工している。先端には使用痕と見られる磨耗があることから、敲打具として使用したことが考えられる。Ⅳ層の貝溜り遺構からは、後縁先端のみを使用した小型製品が1点出土している（本報告では未発表）。

シャゴウ製製品

　シャゴウは殻厚で三角形の独特の形態を有し、後背縁（蝶番部）は後縁に溝があるため製品には不適で、おもに、よじれて尖った前背縁部分を使用し利器としている。

　貝斧はⅡ層から1点とⅢ層から1点出土している。第29図－2、図版8－2は、殻頂直前から先端までを使用し、前縁先端の殻内側のみを研磨して片刃にしてある。刃縁は鋭い弧状を描き尖っている。形状からは掘り具のような用途が考えられる。第31図－4、図版8－4は、後背縁を使用しているめずらしい貝斧である。殻頂直後から先端までを使用。殻内側は先端を研ぎ出して片刃とし、殻表側は先端から放射肋のカーブに沿って広範囲に研磨している。

　殻全体を使用した製品がⅢ層から1点、Ⅳ層から1点出土している。第31図－18、図版9－18は、腹縁側をすべて打割して、円礫状の形態を呈する。形状と重量から推察して、ハンマーのような敲打具としての用途が考えられる。第32図－24、図版9－24は、前背縁を先端まで利用して尖るように加工している。形状から推察して掘り具のような用途が考えられる。

　また、Ⅴ層の3号竪穴遺構から出土した資料1点（本報告では未発表）は、腹縁部のみを使用したナイフ状の製品である。形状は三日月型に近く、後縁先端部を突出させノミ状に加工している。

シラナミ製製品

　ナガジャコとも称する殻長の長い特有の形態を有し、後背縁（蝶番部）が短く製品に適さないためか、おもに、シャベル状に長く伸びる前背縁部分を使用している。殻表と内層を分離させ、内装部を使用した製品が特徴になっている。内層の薄い部分を使用したものはスクレーパーとして、厚い部分を使用したものは貝斧として利用するために製作したと考えられる。Ⅳ層からは製作工程をうかがわせる資料が出土している。資料から推定すると、工程は以下①～③のようになる。

　①第33図－26、図版10－26は、先端の殻を剥ぎ、内層を露出させてある。殻表と内層の分離面が空洞状に露呈し、容易に殻表を剥離できることが分かる（同形状の製品は1区と2区の間で出土した資料があるが、層位が地点不明のため、今回の報告では割愛）。刃部が未加工なので、製作過程にある未製品だと

考えられる。この過程で内層部のみを折り取り、刃部を加工すると、第31図－6、図版8－6の形状になる。これらは貝斧としてより、スクレーパーとして製作されたものと考える。

②第32図－19、図版9－19は、第33図－26、図版10－26の工程からさらに殻表を剥いで加工した製品であるが、まだ殻頂部付近の殻表が剥離せずに残っている。刃部は殻表側を研磨調整し、殻内側も研磨が見られる。

③第33図－27、図版10－27は、殻表を完全に剥離した内層部のみの製品である。第34図－35、図版10－35はやや小型だが、刃部をより鋭利に研磨している。

そのほかに同形状の製品として数点が出土している。表採品の1点は、先端を尖らせて殻内側を丹念に研磨した貝斧の製品である（本報告では未発表）。

シャコガイの種の特質と利用

シャコガイは種ごとにそれぞれ特質をもつので、使用部位や利用目的に差異が見られた。本遺跡から出土したシャコガイ製製品から得られた知見を簡略に記すと以下のようになる。

①オオジャコは最大種で巨大。中型個体の後背縁（蝶番部）を貝斧に使用した可能性が高いが、ヒレナシジャコとの区別が困難なため、同定は出来ない。

②ヒレナシジャコは大型厚質。後背縁（蝶番部）を貝斧に使用した可能性が最も高い種だが、オオジャコとの区別が困難なため、同定は出来ない。

③ヒレジャコは背縁部の殻が意外と薄い。小型の個体を使用したノミ状の貝斧や、殻全体を皿に利用する。

④シャゴウは殻厚で重量があるが、貝斧にはあまり適さない。前背縁を使用した利器や、殻全体を皿、敲打具に利用する。

⑤シラナミは前背縁を使用。内層を使用して貝斧、スクレーパーなどを製作。また、シャベルのような自然形状をそのまま利用する。

⑥ヒメジャコはもっとも小型の種で、製品化されていない。自然貝のヒメジャコも出土していない。浦底遺跡でも貝斧としての使用は報告されていない（Asato 1990、安里 1993）。安里氏はミクロネシアで出土する腹縁部利用型貝斧の中にはヒメジャコを使用しているものもあるのではないかと指摘している（安里 1993）。しかし、ミクロネシアの貝斧を集成した小野林太郎氏はヒメジャコ以外の種で製品が構成されているとし（小野 1999）、白井祥平氏も安里氏がヒメジャコと同定しているミクロネシアの貝斧はシラナミではないかと指摘している。

ヒメジャコが小型であるということから「ちょうつがい部利用型」の製品にはむかないとは考えられない。本遺跡から出土しているちょうつがい部を使用した製品（第32図－20）は幼貝と思われる10cm内外の小型のヒレジャコを選択し、加工している。未報告であるが、ちょうつがい部を使用した同型の5cmほどの小型製品も出土している。

このことから、ヒメジャコが使用されないのはサイズ以外の理由によるものではないか、要因として考えられるのはその生態的特徴にあるのではないかということである。具体的には、本種はシャコガイ科で唯一岩盤に穴を穿って生活する穿孔性の貝であることが挙げられる。そのため、殻を破壊せずに採取するには、硬質かつある程度鋭利な道具の使用が必須である。こうした貝殻採取の困難性がその要因である可能性を考えておきたい。

2）スイジガイ製製品（図版8、9）

体部を有し、管状突起に附刃してある製品が、Ⅲ層、Ⅳ層、Ⅴ層から1点ずつ計3点出土している。すべて背面を打割して孔を穿ってある。

第33図－28、図版10－28は①番突起のみに、第31図－8、図版8－8は①番・②番・③番・⑤番突起4本に附刃してある。第34図－36、図版10－36は①番突起と③番突起に摩滅した痕が見られる。個体全面に、入念に加工した痕が見られることと、異例であるテーブルサンゴに伴って出土したことから、祭祀的な用途をもった製品である可能性も考慮に入れて検討したい。

体部がなく外唇部の管状突起に附刃した製品が、Ⅱ層とⅢ層から1点づつ出土している。第31図－17、図版9－17は①番・⑤番・⑥番突起の3本に、第29図－3、図版8－3は①番突起のみに附刃してある。打ち欠いた殻口側も、右利きの人間が握って①番突起を利器として使用した場合、掌に負担がかからず握りやすいように調整され、⑥番突起が残されているためにグリップ時の効率はよりあがっている。

管状突起の1本を折り取って先端に附刃したものが、Ⅲ層から4点、Ⅳ層から1点、Ⅵ層から1点の計6点出土している。3～5cmほどの小型の製品である。これらの特徴は、③番突起を使用したもの3点（第32図－22 図版9－22、第31図－10 図版8－10、1点（本報告では未発表））と②番突起を使用したもの3点（第31図－9 図版8－9、第31図－11 図版8－11、第34図－41 図版10－41）に限られることである。つまり、これらの製品は、利器として必ず用いる部位である①番突起が破損したために廃棄したものではないことを意味している。また、体部の存在するスイジガイ製利器のほとんどは②番突起が欠失し、③番突起の欠失頻度も高いことを考えると、打ち掻いた②番、③番突起を廃棄せずに単独に利器として利用した可能性が考えられる。刃部はポイント状を呈している。

3）クモガイ製製品（図版8、9）

クモガイの殻口外唇部の管状突起を使用した利器がⅢ層とⅣ層から1点づつ出土している。第32図－23、図版9－23は、①番突起を円刃状に、⑦番突起を平刃状に腹面側から研磨している。Ⅲ層から出土している第31図－5、図版8－5は、①番突起のみが残り、研磨の痕はないが先端に潰れが確認できる（図なし）。同層から出土した第31図－12～15、図版8－12～15の4点は、それぞれ1本の管状突起のみが残る資料である。①番突起が3点。②番突起が1点あり、先端がかなり磨耗している。

4）貝製ビーズ（図版9）

小型のイモガイ科の殻頂に円孔を穿ち、螺頭部と殻底部に研磨を施している貝製ビーズが、Ⅲ層から1点第31図－16 図版8－16、Ⅳ層から2点（第33図－33、図版10－33・第33図－29、図版10－29）出土している。

5）クロチョウガイ製製品（図版9）

クロチョウガイの殻を使用した、非常に薄いヘラ状の製品がⅤ層から1点（第34図－37、図版10－37）出土している。伊是名村具志川島で靴べら状をした製品が出土しているが（伊是名村教育委員会 1991）、用途は不明である。ソサエティ諸島、マルケサス諸島で出土している製品はスクレーパーとして、そのなかでソサエティ諸島・マウピティ遺跡から副葬品として出土した製品は装身具あるいは儀礼的要素をもって使用さ

れたと考えられている。

6）サメ歯製品（図版9）

メジロザメ科のイタチザメの歯に1孔を穿孔した垂飾品（ペンダント）と見られる製品が、V層から2点出土している。第34図－38、図版10－38は、鋸状の鋸歯は自然の形状を保つ。第34図－40、図版10－40は、大形の製品で歯根部の上部寄りに円孔が開けられ、鋸状の鋸歯は3箇所とも丁寧に研磨され痕跡を残さない。小型無孔の歯が一点出土したが、未製品の可能性がある（本報告では未発表）。サメ歯製品については興味深い先行研究があるが（三島 1980、新里他 1998）、時間的、地域的に広範囲に出土するサメ歯製品および、その模造品についての用途はまだ、言及すべき問題点が多く含まれている。先島諸島は他の地域と比較して一遺跡からの出土量が多い。新里氏も指摘しているように、多量に組み合わせた製品である可能性なども考慮すべきである。

7）獣歯製品（図版9）

イノシシの上顎切歯（右）を磨いて歯根上部に一つの円孔を穿孔した垂飾品（ペンダント）と見られる製品（第33図－32、図版10－32）が、Ⅳ層から1点出土している。類似した製品が下田原貝塚で一点出土しているが犬牙製である（沖縄県教育委員会 1986）。

8）石器（図版8）

打製石器と敲石（磨石兼用）が各一点出土している。打製石器（第33図－31、図版10－31）はⅣ層から出土している。片面中央に稜があり、形状は貝斧に類似する。先端部は蛤刃のために加工した痕跡は見られない。打製石器の石材は宮古島には産しない砂岩であり、明らかに別の島との交流を示唆する資料である。敲石（第34図－39、図版10－39）はV層の竪穴遺構で検出されていることに注目すべきである。また、磨石との兼用が考えられる。

9）その他

今回未発表であるが、製品の可能性があるものを簡単に報告する。現在整理中のため、詳細は次回の報告に記載する。

貝殻に穿孔したものにサメザラガイ、ハチジョウダカラ、タカラガイ類がある。V層竪穴遺構のほとんどから有孔のタカラガイ類がわずかではあるが出土している。シャコガイは有孔製品がなく、打割殻以外はおおむね完形のまま出土する。

イモガイを素材としたナイフ状の資料が、Ⅲ層から2点出土している。1点はクロフモドキ、もう1点はクロフモドキかアンボンクロザメである。体層から外唇部のみを割り取り、ナイフ状の形状を呈する。縁部は薄くて鋭いが特に加工は見られない。製品とは確定できないが、意識的に割り取ったと見えることから、貝刃の可能性を残す。現在整理中であり、製品であるかどうか検討中である。類例はV層からも3点、Ⅲ層から1点出土している。なお、素材と形状が類似している製品は、フィリピンのサンガサンガ島バロボク岩蔭遺跡で貝ナイフとして紹介されている（安里他 1993a）。

貝溜り遺構Ⅳb層からは、サメザラガイ、クチベニツキガイ、V層下面からは、クチベニツキガイが出土

し、貝刃の可能性があるが、現在検討中である。詳細は次回の報告に記載する。

10）土器
第5節に記載

11）自然遺物（貝類）

稀少な動物遺存体としては、Ⅲ層ではH－10区からアコヤガイ片が1点、H－11区からヤコウガイ蓋片が1点、H－10区からオウムガイ片が1点、Ⅵ層ではⅠ－10区のテーブルサンゴ周辺からヤコウガイ体層片が1点出土している。

出土する貝類の特徴としては、ヤコウガイ（サラサバテイ同様にサンゴ礁礁斜面に生息する）は蓋一点と破片のみであり、ほとんど出土しないことがあげられる。また、より深い水域に生息するゴホウラは出土していない。砂浜に生息する二枚貝はほとんどなく、Ⅴ層にだけイソハマグリ（波打ち際の砂浜に生息する）が多量に出土している。また、陸産貝も膨大な数出土し、宮古島では更新世で絶滅したといわれるノバルマイマイも確認されている（名和純一氏ご教示）。アラフ遺跡から採集された貝殻は表1である（名和 2003）が、次回の報告に詳細は記載する。

(江上幹幸)

第5節　出土土器（第29図、図版8）

アラフ遺跡出土の土器は、2点得られている。特徴の捉えられるものは、10cm程度残存した口縁部破片であり、もう1点は、1cm大の胴部破片である。ここでは口縁部片を中心に所見を記す。土器は、やや外傾する胴部から緩やかに外反する鍋形土器であり、輪積みで作られる。器面調整は、外面が口縁部を横位方向のナデ調整、胴部は左上がりの刷毛目状調整後、それをナデ消す。内面が、口縁部から胴部にかけて横位の刷毛目状調整の後、これを横位にナデ消している。口縁部は特に丁寧である。混和材として貝を細かく粉砕したものを混入している。貝には灰色・白色とがあり、焼いている可能もある。器壁は口縁部が約0.7cm程度、胴部が約1.15cm程度である。

これらの特徴から、既存の土器型式に照合すると、「ビロースク式土器」（金武 1994）あるいは、「ビロースク先行タイプ」（沖縄県教育委員会 1994）の口縁部形態に類似する。これらの土器は、これまで八重山諸島地域でしか確認されておらず、今回の調査から、その分布範囲が宮古島にまで拡大することになる。先島諸島地域（宮古・八重山諸島）のグスク（スク）時代土器は、これまでの研究から概略すると、土器を製作しなかったといわれる無土器時代を経て、11世紀後半頃から、西彼杵半島に原産地を持つ滑石製石鍋が祖型となった土器が、沖縄・先島諸島に展開し、その鍋形系統の土器が、地域差をもって展開する。12世紀前半を境に、沖縄諸島・先島諸島は、やや形態の異なる型式が展開する。沖縄諸島では、いわゆるグスク土器が15～16世紀まで展開し、八重山諸島ではビロースク式土器（12世紀後半～13世紀後半）→中森式土器（高宮 1981）（14世紀前半～17世紀）、宮古諸島では野城式土器（下地 1978）（13世紀後半～14世紀前半）→宮古第1型式土器（安里 1975）（14世紀後半～15世紀後半）として展開する。このように煮沸具の地域展開として見ると、ビロースク式段階までは、先島諸島は同一の土器文化圏に属すると考えてよいだろう。

これらの従来の土器型式は、出土数の多い鍋形土器を中心に設定されており、いまだ「様式」としての把握は困難となっている。特に、八重山諸島における「中森式」といわゆる「パナリ焼」（滝口、西村 1960）の狭間、宮古諸島の「野城式土器」と「宮古第1型式」と「宮古第2型式」の狭間は、未だ詳細の分からない部分が多い。

　また、実年代についても不明な部分が多く、今回の調査では、土器の表面に付着した煤のC14年代は、補正年代でcalAD843、また、土器周辺の炭化物は、補正年代でcalAD1215という結果が出ている周辺地域（日本列島・周辺外国地域）にも9世紀代の類似資料を認めることは困難であることや、従来の編年観から言えば、後者の年代のほうが妥当であろう。

　小さな胴部片は、器厚0.7cmとやや薄手で、器面に微細な小孔があり、混和材の剥落・溶解によってあらわれたものであると考えられる。また、小さいながらも赤色粒子などが混入する。これらの特徴からは、宮古第1式土器である可能性が高い。

（新里貴之）

第五章　まとめ

　琉球列島の先史文化の中で、南方との関わりがあるといわれている南琉球文化圏は、土器を持つ新石器時代前期と土器を持たない後期の二時期に分けられる。宮古島の新石器時代後期の遺跡には、北東海岸の海岸低地砂丘に立地するアラフ遺跡と同じ地理的環境を有する遺跡として、長間底遺跡（沖縄県教育委員会 1984）と浦底遺跡（Asato 1990）がすでに発掘調査されている。特に浦底遺跡はきわめて興味のある成果をあげているが、概報のみの報告であるため、遺跡の全体像を知るまでにはいっていない。江上（本研究代表者）はこの遺跡の重要性を認識し、隣接するアラフ遺跡を調査地に選択した。

　調査は上記の二遺跡も含めて、新石器時代の人々がどのような生活をしていたのかを復元することが目的であった。発掘調査の結果、宮古島北東海岸に居住していた新石器時代後期の人々は集石遺構をもち、貝斧を使用して、生活をしていたという安里氏の論を裏づけるものとなった。当遺跡は年代的には2900年前から1900年前頃まで、ほとんど変わらない生活をしていたと考えられるが、地理的環境はその間にも変化していた。それにともなって、人間の食生活も若干変化した様子がうかがえる。

　河名氏が論じる宮古島における地形発達史（河名 2003）と、アラフ遺跡発掘調査において明らかになった人間の居住した時間的関係とを暦年代で比較すると以下のようなことが言える。

　地形的変遷を見ると、宮古島は約3600年前～3200年前に海退が起きる。これに伴って海浜が拡大し、砂の供給量が増大して砂丘の形成が開始される。約3200年前以降の海水準はほぼ現海面に近くなり、それ以降2900年前～1900年前にかけて礁嶺を伴ったサンゴ礁が形成され、内側の礁池には波の静かな海域が出現した。そのような環境下で約2300年前以降にビーチロックが形成され、1700年前以降、沖に新たなサンゴ礁が形成され、現在に至っている（河名 2003）。

　以上を基にすると、アラフ遺跡における居住年代史は次のように考えられる。

　アラフ遺跡では、サンゴ礁形成開始時期の約2900年前にⅦ層（BC900）に人間がすでに居住した痕跡があ

る。その後も砂丘は発達し、Ⅵ層が形成される。約500年後の2400年前頃のⅤ層（上面BC355 下面BC390）の時期に人間が居住している。Ⅴ層ではⅢ層、Ⅳ層からほとんど出土しないイソハマグリが多量に出土することから、同種の生息する潮間帯の砂丘が現在より発達していた環境であることが推定できる。その後も人間はⅣ層からⅢ層にかけて約1900年前（Ⅲ層 AD80）まで継続的に居住している。この頃までにサンゴ礁の形成が完了している。

その後Ⅱ層が形成され、土器片やスイジガイ製利器などわずかに人工遺物が出土しているが、居住の痕跡はない。

次に動物遺存体からその生活を復元してみる。Ⅶ層はわずかな範囲しか調査をしていないので人工遺物は出土していないが、Ⅴ層同様にサンゴ石灰岩の集積とチョウセンサザエが出土している。Ⅴ層は生活痕が色濃く残っている。約30㎝の黒土層（黒褐色層～灰黄褐色砂層）が人間活動の影響なのか、あるいは当該期に繁茂していた植生の焼失の痕跡か、現在分析中であり、今後の更なる調査が必要となる。ただ、このⅤ層はⅢ層とは自然環境が異なっていたのではないかと考えている。動物遺存体のイノシシ、カエル、ヘビ（おそらく食料）の検出量が多いこと（宮路他 2003）と、中大型陸産貝種（ノバルマイマイ、ミヤコヤマタニシ）が多量に出土（名和 2003）することから森林の発達していたことが推察される。

Ⅳ層、Ⅲ層の環境は、出土した自然遺物から現在と同じ自然環境が想定される。すなわち、海は裾礁によって取り巻かれ、礁原（ヒシ）内側の礁池（イノー）は干潮時には歩いて礁原まで渡れるほどの深さになり、チョウセンサザエ・サラサバテイ・シャコガイ類・クモガイなど多種の貝類を採集することが出来た。遺跡からのチョウセンサザエの出土量は全貝総数の60％以上にもなる。サラサバテイもかなりの割合を占める。イノシシ骨は少なくなり、海への依存度が高くなっている。

集石遺構については、遺構はⅢ層からⅤ層まで検出されるが、礫は1号集石から検出された小礫（宮古島本島にはない砂質片岩）1点や軽石などが僅かに含まれるが、ほとんどがサンゴ石灰岩であり、円礫と角礫の二種類で構成されている。通常は円礫と角礫が混在しているが、3～7㎝の小円礫だけ20～30個集積した状態で形成された興味深い遺構がある。

周知のように、集石遺構は調理施設としての機能を果たしていたと推定されている。オセアニア（土器を使用しないポリネシアとミクロネシア東部）で一般的に行われている石蒸し焼き料理（ウム料理）用のアースオーブン（地炉）として、あるいは木鉢などの容器に焼石を入れて加熱調理するストーンボイリングに使用したと考えられている（高山 1974、高杉 1979、印東 2003他）。

当該遺跡から検出されたサンゴ石灰岩はアースオーブンに使用された可能性は高い。しかし、角礫はアースオーブンには使用できてもストーンボイリングには不向きである。サンゴ石灰岩はその特質上から高温の熱を受けると化学変化を起こし、これを水に入れると石灰となって融けて沈殿する（江上 1995）。

また、集石遺構の中には4号集石遺構や13号集石遺構のように、小円礫（3～7㎝）が20～30個集積された状態で検出される遺構がある。この小円礫の用途を考える時、ストーンボイリングの使用を推定した。今回、水の中に3～7㎝の焼いた小円礫を入れ、どのようになるか、実験を試みた。その結果は加熱して水に入れても表面は脆くならず、石灰となって沈殿することはなかった。小円礫がなぜ遺跡に運びこまれ、まとまった状態で出土するかを考えるとき、ストーンボイリングを行ったのではないかという可能性が浮かびあ

がってくる。

　このような事例はかつて、国分直一氏がトカラ列島の宝島大池遺跡から検出した十数個の焼礫で同様な解釈をしている。すなわち、大池遺跡から発見された3×1.5ｍの広さの焚き火をもつ焼石群は石蒸し料理（地炉）に、十数個の小礫はストーンボイリングに使用されたのではないかという見解である（国分 1976）。台湾のアミ族ではアワ収穫時のミラデス祭で"魚とり"が行われ、その魚の調理法してこのストーンボイリングが使用される。「魚はビンロウの葉を竹でさして皿にして、水をいれ、石を焼いてこれに入れて煮る」という（姫田 1972）。ビンロウの葉を利用して容器を作るという記載があるが、参考までに、これはアレカヤシ（ビンロウ）の花苞を利用したものではないかと考えている。インドネシアのレンバタ島ではアレカヤシの花苞を折りたたんで船形にした皿は、海水を入れて天日人工採塩の容器としても使用され（江上 2003）、調理具としても十分活用できるものである。

　遺跡から検出されるサンゴ石灰岩が、焼礫であるのかどうかを判断するのはかなり困難である。数回の実験を試みたが、判断する基準はまちまちである。熱したサンゴ石灰岩は冷めると膨張し、やがてぼろぼろになって崩れてしまうのでアースオーブンにも数回しか使用できない。このことを考えると、すべての集石遺構がアースオーブンあるいはストーンボイリングに使用されたのか、まだ疑問が残る。

　浦底遺跡で200本以上出土したシャコガイ製貝斧は、アラフ遺跡でも表面採集を含めると、すでに50本以上が出土している。その形態も様々であり、貝斧以外に貝種によって別の用途の製品を作りだしていることが明らかとなった。彼らはシャコガイ種の形状を把握し、その特長をいかして道具を製作したと考えられる。すでに述べたように、シラナミの内層部を利用してスクレーパー状の製品を作り、ヒレジャコを使用してノミ状に加工し、シャゴウを使用して堀り具状の製品にするといった具合である。

　また、スイジガイ製利器についても、従来から言われているより、管状突起の多くの部位を利器として利用している。

　遺跡ではシャコガイ、スイジガイ、クモガイ、イモガイとその破片が数多く出土するが、このような利用の多様性を見ると、持ち込んでいるこれらの貝類は加工前ないしは加工後の破片である可能性が高いと考えている。

　また、チョウセンサザエとサラサバテイの貝殻の出土量は全貝総数の八割以上にもなり、主要な食料にされたと思われる。そのうちでチョウセンサザエの貝殻には、穿孔された孔の形状に規則性があり、残された体層下部の形状に同一性のある個体が多いことが観察された。このことから、チョウセンサザエの貝殻は単なる食料残滓ではなく、その特徴的な割れ方は、なんらかの道具を用いて打割し、道具製作の目的をもって加工した可能性が推定される。今後の検討課題である。

　発掘調査の結果、アラフ遺跡は調査前から考えていたように浦底遺跡と深く関わりがある遺跡であることが明らかとなった。サンゴ石灰岩と泥岩のほかは石材を産出しない宮古島にあって、その石材を用いて調理をし、シャコガイ、スイジガイ、クモガイ、イモガイなどの有用貝のあらゆる部位を利用して道具を製作した生活形態が浮かびあがってくる。また、石器の出土により、他島や他地域との交流が存在したことも確かだと思われる。これらの事をふまえて更なる調査が必要となる。

　　　（江上幹幸）

引用文献

安里嗣淳
    1975「沖縄考古学についての二、三の感想」『南島考古』4　沖縄考古学会　97-101
    1987「沖縄・先島の考古学」『考古学ジャーナル』284　ニューサイエンス社　14-17
    1989「南琉球先史文化圏における無土器新石器期の位置」『第二回琉中歴史関係国際学術会議報告　琉中歴史関係論文集』　琉中歴史関係国際学術会議実行委員会　655-674

Asato, Shijun
    1990 The Distribution of Shell Adzes in the South Ryukyu Islands. In the Urasoko Site, A Sketch of the Excavation in Photographs. The GusukubeTownBoardofEducation, Okinawa, Japan.

安里嗣淳
    1993「南琉球の原始世界―シャコガイ製貝斧とフィリピン―」『海洋文化論―中国海の民俗と文化―』　凱風社　61-84
    2003「沖縄の原始～グスク時代の時期区分（編年）」『復帰後30年間の県内発掘調査展』　沖縄県立埋蔵文化財センター（編年表のみ）

安里　進
    1975「沖縄陶器の影響を受けた宮古式土器について」『やちむん』5　やちむん会　40-48

石垣市教育委員会
    1983『ビロースク遺跡』石垣市文化財調査報告書第6号

伊是名村教育委員会
    1991『具志川島遺跡群発掘調査概報』伊是名村文化財発掘調査報告第8集

印東道子『オセアニアの人とくらし』NHKブックス

上原　靜
    1981「いわゆる南島出土の貝製利器について－特にスイジガイ製利器とホラガイ系貝製利器について」『南島考古』7　4-46
    1985「貝製利器とその刃こぼれ」『文化課紀要』2　沖縄県教育委員会文化課　85-90

江上幹幸
    1995「ママ・ユリアナの石灰づくり」『季刊民族学』73　国立民族博物館　74-77
    2003「東部インドネシアと琉球列島における製塩の特性－海岸地形から見た製塩形態－」『社会文化研究』沖縄国際大学　1-25

沖縄県教育委員会
    1983『－詳細分布調査報告書－宮古の遺跡』沖縄県文化財調査報告54集
    1984『宮古城辺町　長間底遺跡　発掘調査報告』沖縄県文化財調査報告書　第56集
    1986『下田原・大泊浜遺跡発掘調査報告書』沖縄県文化財調査報告書　第74集
    1994『武富島　カイジ浜貝塚』沖縄県文化財調査報告書　第115号

沖縄県立埋蔵文化財センター
    2003『新里元島上方台地遺跡　新里東元島遺跡』沖縄県立埋蔵文化財センター報告書　第7集

大濱永亘
    1975「八重山石垣島の新石器時代無土器遺跡」『南島考古』4　沖縄考古学会
    2001『八重山の考古学』先島文化研究所

大濱永寛
    2001「伊良部島採集のシャコ貝製貝斧」『南島考古』20　沖縄考古学会　89-92

小田静夫
    2000『黒潮の考古学』第一書房出版

小野林太郎
    1999「東南アジア・オセアニアの貝斧について－ミクロネシアにおける貝斧の型式分類と比較研究」『東南アジア考古学』19　東南アジア考古学会　19-55

河名俊男
    2003「宮古島のビーチロックと後期後期完新世の地形発達史」アラフ遺跡調査団『アラフ遺跡調査研究』1　沖縄国際大学

岸本義彦
 2002「シャコガイ製貝斧について」『史料編集室紀要』27　沖縄県教育委員会　23-34
金城正紀
 1974「仲間第一貝塚出土の開元通宝について」『南島考古だより』13　沖縄考古学会 2
 1994「土器→無土器→土器－八重山考古学編年試案－」『南島考古』14　沖縄考古学会　83-92
金武正紀・当真嗣一
 1986「沖縄における地域性」『岩波講座　日本の考古学』5巻　岩波書店
城辺町教育委員会
 1980『沖縄県宮古郡城辺町保良地区の遺跡分布』城辺町文化財調査報告書　第1集
 1987『沖縄県城辺町　大牧遺跡・野城遺跡－範囲確認調査報告書－』城辺町文化財調査報告書　第2集
 1989『砂川元島－個人の土地改良に係る緊急発掘調査－』城辺町文化財調査報告書　第4集
 1989『沖縄県・城辺町　高腰城跡－範囲確認調査報告書－』城辺町文化財調査報告書　第5集
黒住耐二
 2001「伊是名貝塚の貝類分析」『伊是名貝塚－沖縄県伊是名貝塚の調査と研究－』勉誠出版　328-345
黒住耐二・久保弘文
 1995『生態/検索図鑑　沖縄の海の貝・陸の貝』沖縄出版
国分直一
 1976「石むし料理とストーンボイリング」『環シナ海民族文化考』慶友社　436-438
 1994「宝島大池遺跡」『熊本大学文学部考古学研究室研究報告』第1集　熊本大学
下地和宏
 1978「野城（のぐすく）式土器について」『琉大史学』10　琉球大学史学会　34-49
 1998「沖縄「グスク時代」初期の宮古」『考古学ジャーナル』437　ニューサイエン社　19-25
白井祥平
 1997『貝　Ⅲ』（ものと人間の文化史）83　法政大学出版局
新里貴之・上村俊雄
 1998「南西諸島に分布するサメ歯製品及びその模造品について」『南島考古』沖縄考古学会　1-18
高杉博章
 1979「縄文時代の集石遺構と食物調理法」『考古学ジャーナル』170　42-45
高山　純
 1974「オセアニアの蒸し焼き料理法について」『愛名鳥山』愛名鳥山遺跡発掘調査会　88-96
 2001「先島のシャコガイ手斧はフィリピン起源か」『南島考古』20　沖縄考古学会　1-27
高宮廣衞
 1981「編年試案の一部修正について」『南島考古』7　沖縄考古学会　61-65
 1998　基調講演「八重山の先史時代」『やしの美大学』笹川平和財団太平洋島嶼基金
滝口　宏
 1960「結語」『沖縄・八重山』校倉書房
嵩元政秀
 1990「伊良部の道」『宮古諸島の道』沖縄県歴史の道調査報告書Ⅷ　沖縄県教育委員会　205-216
嵩元政秀・安里嗣淳
 1993『日本の古代遺跡』47　沖縄県　保育社
田代安定
 1887「琉球西表島古見村ノ土器」『東京人類学会雑誌』4-40　東京人類学会
多良間村教育委員会
 1993『多良間村の遺跡－詳細分布調査報告－』多良間村文化財調査報告書第10集
 1996『多良間添道遺跡－発掘調査報告－』多良間村文化財調査報告書第11集
土肥直美
 2003「先島における先史時代人骨の試み」『南島考古だより』70　2
樋泉岳二
 1999「加曽利貝塚における貝層の研究－貝殻成長線分析による貝層形成過程と貝類採集活動に関する考察－」『貝塚博

物館研究資料集第5集　貝層の研究Ⅰ』千葉市立加曽利貝塚博物館
西村正衛
　　　1960「結語」『沖縄・八重山』校倉書房
名和　純
　　　2003「アラフ遺跡から発掘された貝類の生息環境」アラフ遺跡調査団『アラフ遺跡調査研究』1　沖縄国際大学　95-97
姫田忠義
　　　1972「台湾アミ族の年中行事を通して」『みんぞくの環』1
平良市教育委員会
　　　1999『住屋遺跡（1）－庁舎建設に伴う緊急発掘調査報告書』
町田　洋（他）
　　　2001『日本の地形－九州・南西諸島－』7東京大学出版会』
三島　格
　　　1980「九州および南島出土の鮫歯製垂飾について」『日本民族文化とその周辺　考古編』　新日本教育図書　359-386
宮路淳子・丸山真史・松井　章
　　　2003「アラフ遺跡出土の動物遺存体（1）」アラフ遺跡調査団『アラフ遺跡調査研究』1　沖縄国際大学　87-94

図版 1

1. アラフ遺跡遠景（北西から）

2. 調査地点遠景（南から）

3. 新城海岸ビーチロックの露頭

4. 北壁土層断面（5次調査時 Ⅳ層全景、南西から）

5. 東壁土層断面（西から）

6. 北壁、西壁土層断面（南東から）

7. 北壁土層断面（Ⅰ−9、10）

8. 西壁土層断面（J−10）

図版 2

1. 第Ⅲ層全景（3次調査時、東から）

2. 同上（西から）

3. 第Ⅲ層1、4a、4b、4c、5号集石（3次調査時、南から）

4. 同上土層断面（同上、東から）

5. 第Ⅲ層12、13a、13b、17号集石（5次調査時、南から）

6. 同上、完掘状況（南から）

7. 12・17号集石土層断面断面（南東から）

図版3

1．第Ⅳb層全景（貝溜まり遺構、西から）

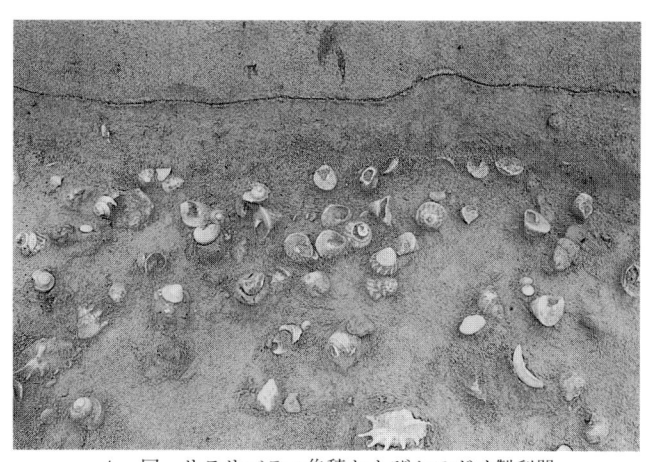

2．同上（南から）

3．同上　チョウセンサザエ集積

4．同　サラサバティ集積およびクモガイ製利器
　　　出土状況（北壁付近）

5．同　貝斧出土状況

6．第Ⅳc層遺物出土状況（北西から）

図版 4

1．第Ⅴb層全景（3次調査時、東から）

3．第Ⅴc層全景（東から）

2．1号竪穴遺構（東から）

4．2・3号竪穴遺構下層（北から）

5．3号竪穴遺構テーブルサンゴ出土状況（南から）

6．2号竪穴遺構チョウセンサザエ出土状況（東から）

図版 5

1．I・J−9・10　第Ⅴc層全景（南から）

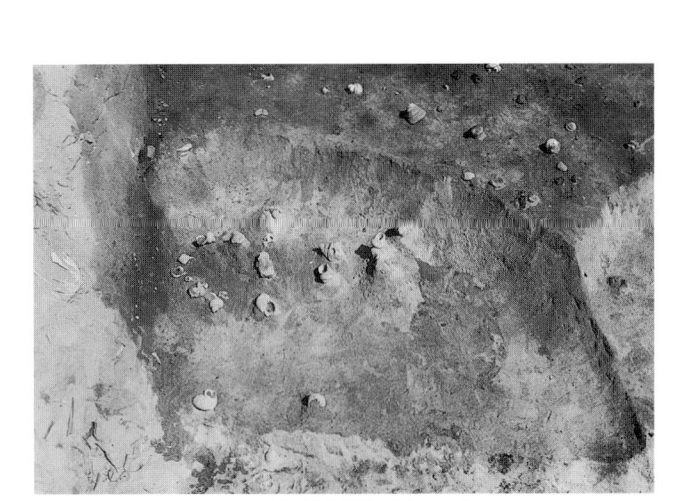

2．6号竪穴遺構（南から）

3．5号竪穴遺構（南から）

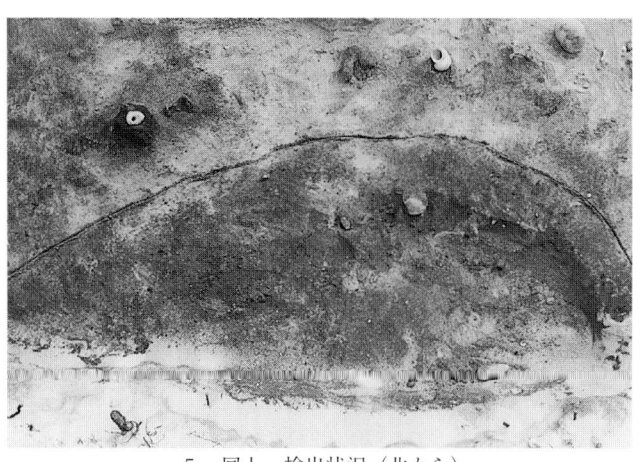

4．7号竪穴遺構（南から）

5．同上　検出状況（北から）

6．5・6号竪穴遺構検出状況（東から）

図版6

1. Ⅰ-10 第Ⅴb層テーブルサンゴ検出状況（北から）

2. 同上（第Ⅴc層まで下げたところ、西から）

3. 同上 截割り状況（西から）

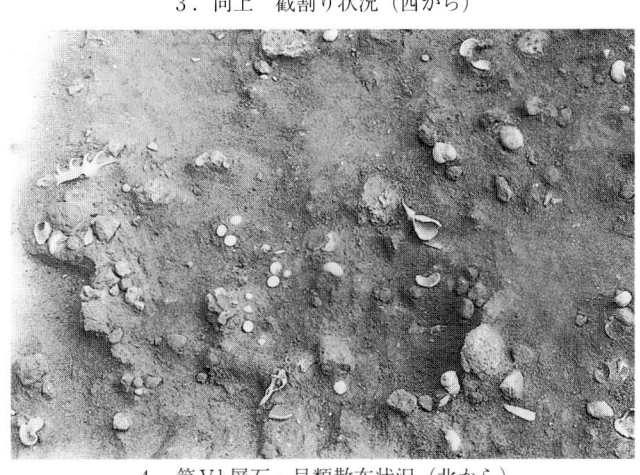

4. 第Ⅴb層石・貝類散布状況（北から）

5. 第Ⅴc層14・15・16・18号集石（南から）

6. 16号集石（西から）

7. 同上 断面（南から）

図版 7

1. 砂丘南側土層断面（南東から）

2. 2区全景（西から）

3. 3区全景（南西から）

4. I-9 第Ⅱ層土器出土状況（北から）

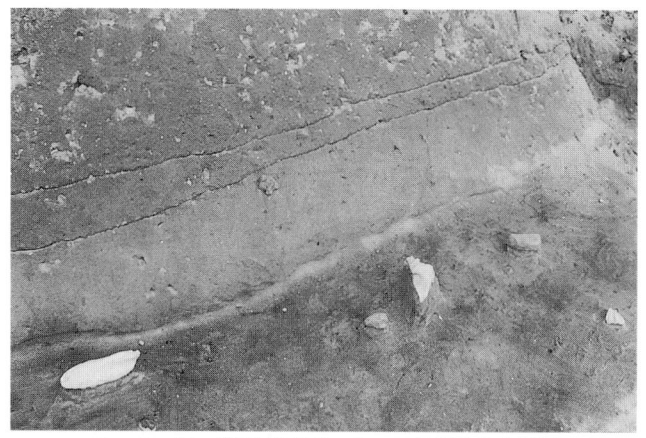

5. J-10 第Ⅳb層貝斧・シャコ貝製品出土状況（北西から）

6. I-9 第Ⅴb層チョウ貝製利器出土状況（北東から）

7. I-10 第Ⅴc層サメ歯製品出土状況（東から）

図版8

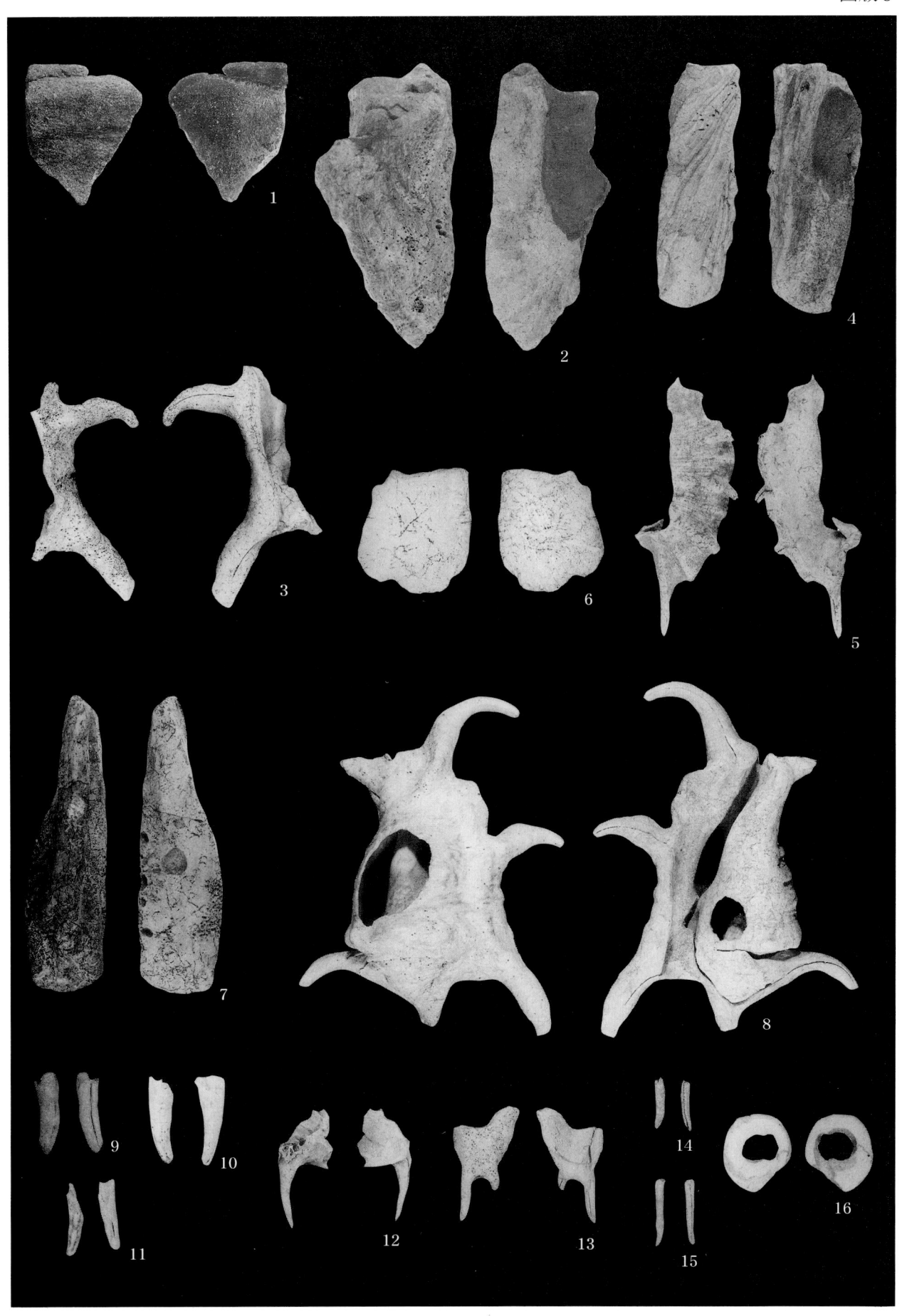

アラフ遺跡出土遺物(1)　1～3Ⅱ層、4・5Ⅲ層上面、6～16Ⅲ層下面

図版9

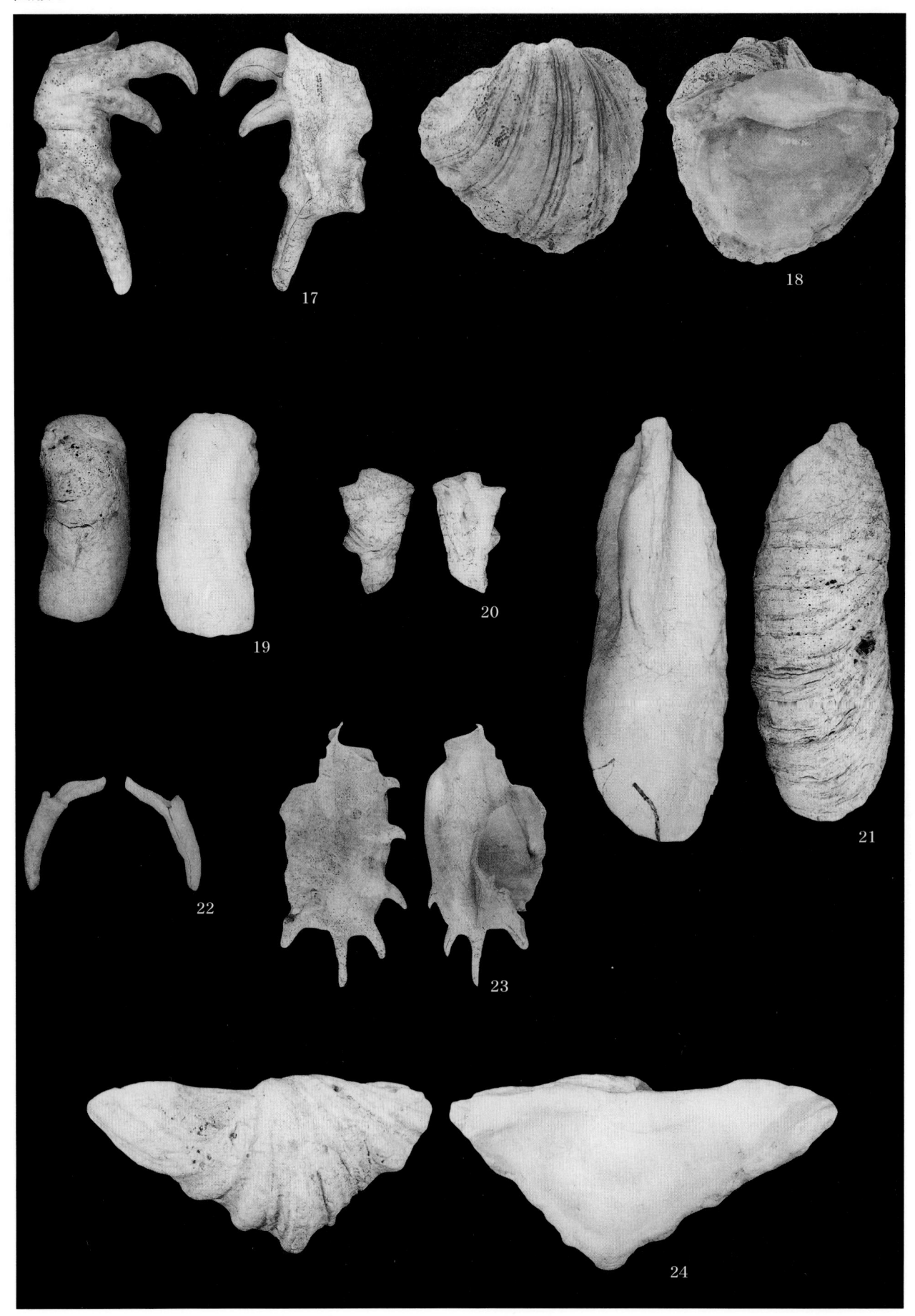

アラフ遺跡出土遺物(2)　17・18Ⅲ層、19〜24Ⅳb層

図版10

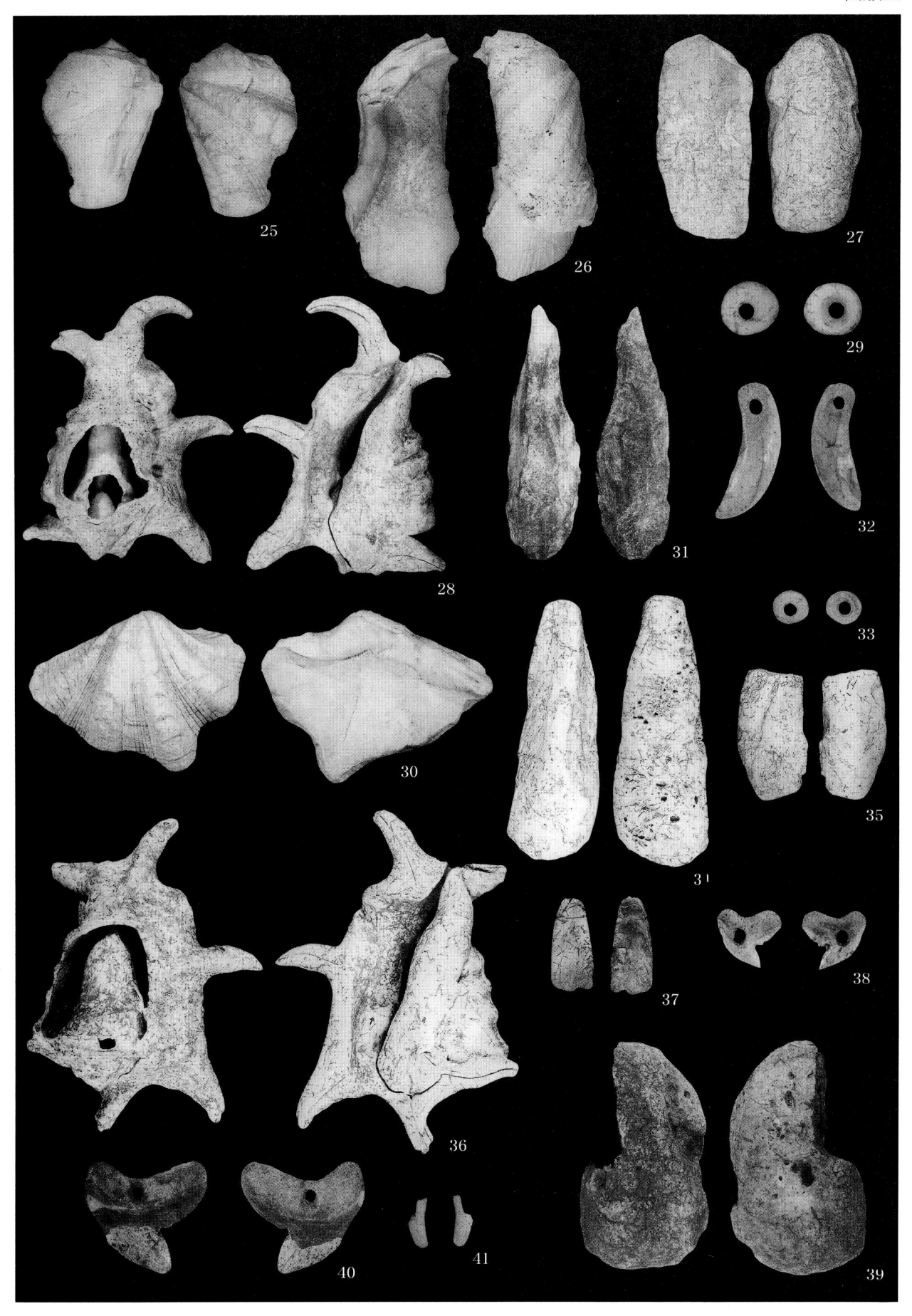

アラフ遺跡出土遺物(3)　25〜29Ⅳc層、30〜33Ⅳ層、34〜38Ⅴb層、39・40Ⅴc層、41Ⅵ層

付　　篇

宮古島アラフ遺跡における放射性炭素年代測定結果

1. アラフ遺跡の第Ⅱ層から出土した土器片及び炭化木片の14C年代測定結果

名古屋大学年代測定センター

番号	資料番号	試料産出層準 (Depth, m)	試料の種類	$\delta^{13}C_{PDB}$ (Permil)	14C age (yr BP)	14C年代を暦年代に較正した年代 (Stuiver et al, 1998) * 上段：暦年代較正値 下段：±1σの暦年代範囲 (probability)	Lab. Code No. (NUTA 2-)
1	No.1104 (ARAF-1)	Ⅱ層 I-9G	土器破片表面の付着炭化物	-30.4	1201±32	Cal AD 782, 790, 813, 843, 857 Cal AD787-794 (9.2%) Cal AD798-834 (39.6%) Cal AD836-878 (46.7%)	-4064
2	No.1101 (ARAF-2)	Ⅱ層 I-9G	炭化木	-26.5	843±30	Cal AD 1215 Cal AD 1163-1172 (11.7%) Cal AD 1181-1224 (69.9%) Cal AD 1227-1242 (18.4%)	-4065

注意事項

○ 14C年代値はBPの単位で、西暦1950年から過去へ遡った年代値で示す
14Cの半減期として、国際的に用いられているLibbyの半減期5,568年を用いて14C年代値を算出

○ 年代値の誤差はone sigma（±σ；1標準偏差）を示しました。これは、同じ条件で測定を100回繰り返したとすると、測定結果が誤差範囲内に入る割合が68回である事を意味します。誤差を表示の2倍（±2σ；2標準偏差）にとると、誤差範囲内に入る割合は95回になる

○ $\delta^{13}C_{PDB}$を用いて炭素同位体分別の補正を行った。すなわち、Conventional 14C age（同位体分別補正14C年代）である。

○ *）14C年代値から暦年代への較正は、樹木年輪についての14C濃度測定から得られた較正データを用います。ここでは、INTCAL98較正データ (Stuiver, M. et al, 1998, Radiocarbon, 40, p.1041-1083) と較正プログラムCALIB Rev 4.3 (Stuiver & Reimer, 1993, Radiocarbon, 35, 215-230) を用いて較正を行った。

○ *）暦年代は、14C年代値が、14C年代値-暦年代較正曲線と交わる点の暦年代値、および真の年代が入る可能性が高い暦年代範囲で示される。また、真の年代が、表示されたすべての範囲のどれに入る確率が68%（1σ）である。年代範囲の後に示された確立は、68%のうちで、さらに特定の年代範囲に入る確率を示す。また、確立が5%より小さい場合には記載を省略した。

アラフ遺跡における放射性炭素年代測定

株式会社　古環境研究所

1．試料と方法

試料名	地点・層準	種類	前処理・調整	測定法
3（No.75）	Ⅰ-Ⅱ-イ-⑮・Ⅲ層	炭化物	酸-アルカリ-酸洗浄	ＡＭＳ法
9（No.46）	J-9・第3文化層	炭化物	酸-アルカリ-酸洗浄	ＡＭＳ法
10（No.52）	J-18北側拡張部黒砂	炭化物	酸-アルカリ-酸洗浄	ＡＭＳ法

※ＡＭＳ法：加速器質量分析法

2．測定結果

試料名	^{14}C年代 （年BP）	δ^{13}C （‰）	補正^{14}C年代 （年BP）	暦年代（西暦）	測定No （Beta-）
3（No.75）	1980±40	-28.4	1920±40	交点：AD 80 1σ：AD 50 to 120 2σ：AD 10 to 150	158579
9（No.46）	2790±40	-26.7	2760±40	交点：BC 900 1σ：BC 930 to 840 2σ：BC 1000 to 820	158577
10（No.52）	2550±40	-25.4	2540±40	交点：BC 780 1σ：BC 790 to 760, BC 620 to 590 2σ：BC 800 to 740, BC 710 to 530	158578

1．試料と方法

試料名	地点・層準	種類	前処理・調整	測定法
No.1357	Ⅰ-11、3号住居、第2文化層	炭化物	酸-アルカリ-酸洗浄、石墨調整	ＡＭＳ法
No.1502	Ⅰ-9・10、第2文化層最下面	炭化物	酸-アルカリ-酸洗浄、石墨調整	ＡＭＳ法
No.1680	Ⅰ-10、1号集石、第1文化層	炭化物	酸-アルカリ-酸洗浄、石墨調整	ＡＭＳ法

※ＡＭＳ法：加速器質量分析法

2．測定結果

試料名	^{14}C年代 （年BP）	δ^{13}C （‰）	補正^{14}C年代 （年BP）	暦年代（西暦）	測定No. （Beta-）
No.1357	2270±40	-28.1	2220±40	交点：cal BC 355, 290, 230 1σ：cal BC 375〜200 2σ：cal BC 385〜180	171944
No.1502	2320±40	-25.9	2310±40	交点：cal BC 390 1σ：cal BC 400〜380 2σ：cal BC 410〜360、280〜240	171945
No.1680	1930±40	-27.9	1880±40	交点：cal AD 120 1σ：cal AD 80〜150 2σ：cal AD 50〜230	171946

1）14C年代測定値
　試料の14C／12C比から、単純に現在（1950年AD）から何年前かを計算した値。14Cの半減期は、国際的慣例によりLibbyの5,568年を用いた。

2）13C測定値
　試料の測定14C／12C比を補正するための炭素安定同位体比（13C／12C）。この値は標準物質（PDB）の同位体比からの千分偏差（‰）で表す。

3）補正14C年代値
　δ13C測定値から試料の炭素の同位体分別を知り、14C／12Cの測定値に補正値を加えた上で算出した年代。

4）暦年代
　過去の宇宙線強度の変動による大気中14C濃度の変動を較正することにより算出した年代（西暦）。較正には、年代既知の樹木年輪の14Cの詳細な測定値、およびサンゴのU-Th年代と14C年代の比較により作成された較正曲線を使用した。最新のデータベースでは、約19,000年BPまでの換算が可能となっている。ただし、10,000年BP以前のデータはまだ不完全であり、今後も改善される可能性がある。

　暦年代の交点とは、補正14C年代値と暦年代較正曲線との交点の暦年代値を意味する。1σ（68％確率）と2σ（95％確率）は、補正14C年代値の偏差の幅を較正曲線に投影した暦年代の幅を示す。したがって、複数の交点が表記される場合や、複数の1σ・2σ値が表記される場合もある。

文献
Stuiver, M., et. al., (1998), INTCAL98 Radiocarbon Age Calibration, Radiocarbon, 40, p.1041-1083.
中村俊夫（1999）放射性炭素法．考古学のための年代測定学入門．古今書院，p.1-36.

アラフ遺跡出土の動物遺存体（1）

宮路淳子[1]・丸山真史[3]・松井　章[2]

1. はじめに

　アラフ遺跡は、沖縄県宮古郡城辺町新城荒牛に所在し、海岸低地砂丘上に立地する。時代は、新石器時代後期に属する。調査区は防潮林内側砂丘地の1区と、さとうきび畑の2区に分けられ、1区はⅠ層からⅥ層まで、2区はⅥ層からⅦ層まで確認されている。遺構は、Ⅱ～Ⅴ層から検出されている。今回までの調査で、動物遺存体は各層位から総数約5,000点が出土し、そのうち約3,000点を同定した。動物遺存体には、現地で発掘中に取り上げられた試料と、水洗篩いがけによって得られた試料とがある。その両方から今回同定した動物遺存体は、18科3属5種であった（表1）。以下に出土した動物の概要を述べる。

2. 動物の概要

甲殻綱

カニ類

　全て可動指、不動指で、合わせて134点が出土している。大きさは、3㎝前後を測る。他の部位は薄いため、遺跡に残らなかったのであろう。この特徴は他の遺跡でも共通している。

脊椎動物門

軟骨魚綱

　　軟骨魚類の椎骨のうち、大形のものをサメ類、小形のものをエイ類とした。

　サメ類

　　椎骨の他に、歯に穿孔した垂飾品が2点出土している。

　エイ類

　　椎骨が2点出土している。

硬骨魚綱

　ウツボ属

　　歯骨1点（左1）、前上顎骨1点（左右不明）が出土している。本属は浅海の岩礁域にすみ、潮だまりにも生息する。夜行性で性格はどう猛である。現在、ウツボは琉球列島でみられないが、南日本の岩礁域に広く分布し、当時も付近に生息していたのであろう。

　コチ科の一種

　　腹椎が5点出土している。水深30m以内の砂泥底にすみ、エビ類・小魚等を食べる。椎骨から種の同定はできない

---

(1) (2) 独立行政法人奈良文化財研究所
(3) 京都大学大学院人間・環境学研究科

マハタ？
　歯骨1点（左1）、前上顎骨2点（左2）、方骨2点（右1左1）が出土している。いずれも現生標本との比較から、体長20cm前後の個体と推定できる。ヤイトハタ、ユカタハタ、スジアラなどの現生標本と比較した結果、マハタに近似する。

アラ？
　ハタ科の一種で、他のハタ科と比べて大形である。大きな前上顎骨1点（左1）が出土している。1mを超える大形魚になると考えられる。

ハタ科の一種
　ハタ科のなかで、マハタ（？）、アラ（？）以外としたものを一括した。角骨3点（左3）、口蓋骨1点（左1）、歯骨16点（右5左10不明1）、主上顎骨12点（右6左4不明2）、鋤骨5点、舌顎骨2点（右1左1）、前上顎骨16点（右8左8）、方骨11点（右3左8）、遊離歯1点出土している。合計67点をかぞえる。現生標本と比較したところ、体長が20cm前後の小形の個体が多いが、中には、1mを超えるような大形の個体も含まれる。ハタ科の魚類はいずれも、沿岸の岩礁域からその周辺の砂泥底にかけて生息する。大形の個体によっては、沖合の数100mの深所にいる種もある。

フエフキダイ科の一種
　前上顎骨2点（右1左1）、主上顎骨2点（右1左1）、歯骨6点（右3左3）、前上顎骨または歯骨1点が出土している。大形で美味である。水深75mまでの岸近くから沖のサンゴ礁域、礁湖、海草帯、マングローブ帯、岸近くの砂浜や岩礁にすむ。棘皮動物、貝類、甲殻類を食べる。幼魚は浅海で遮蔽物のある砂底で群れ、沖縄では産卵期は3～6月。千葉県以南からインド・西太平洋域に分布する。

クロダイ属の一種
　主上顎骨1点（左1）、角骨1点（左1）が出土している。

カレイ目？
　ヒラメ大の大形の椎骨が1点出土している。

ヘダイ
　小形の前上顎骨が4点（右1左3）出土している。

ベラ科の一種
　小形の下咽頭骨が12点出土している。

イロブダイ
　上咽頭骨が4点（右1左3）出土している。いずれも大形である。本種は上咽頭骨の歯列でブダイ科の他種との判別が可能である。サンゴ礁域に小さな群れをなして生息する種で、琉球列島以南に分布する。

ブダイ科の一種
　前上顎骨が21点（右11左10）、主上顎骨が4点（右3左1）、歯骨が32点（右11左18不明3）、前上顎骨または歯骨が13点、上咽頭骨が9点（右2左5不明2）、下咽頭骨が49点、角骨が1点（左1）、基後頭骨が1点、口蓋骨が1点（左右不明）、出土している。ブダイ科の魚はベラ科に近縁だが、より大形で、歯は癒合してくちばし状である。熱帯のサンゴ礁域を分布の中心とする。熱帯域では生息数も多く、重要な食用魚の一つである。

カマス科の一種

　大形の歯骨1点（右1）が出土している。

カワハギ科の一種

　遊離歯が1点、背鰭第一棘が1点出土している。沿岸から水深100m以浅の岩礁だまりの砂地に群れる。北海道以南から東シナ海に分布する。

ハリセンボン科の一種

　歯骨が4点、前上顎骨が2点、歯骨または前上顎骨が3点、棘が10点出土している。美味である。浅い岩礁・サンゴ礁域にすむが、幼魚は流れ藻についていることもある。本州中部以南に分布する。

爬虫綱

　カメ目

　　ウミガメ科またはオサガメ科の一種

　　　上腕骨が1点（右1）、縁骨板が2点、背甲が13点、背甲もしくは腹甲が4点、計20点が出土している。上腕骨は、背甲長40cm程度の大きさのアカウミガメ標本に近い。そして、縁骨板はそれよりもかなり大きく、1m近い個体と推測される。いずれも保存状態には恵まれず、表面の風化が著しいため、解体や火熱を受けた痕跡の観察が難しい。

　ヘビ亜目

　　ヘビ類

　　　椎骨が78点出土している。宮古島ピンザアブ洞穴遺跡ではハブ属の一種が確認されている。ハブ属の腹椎骨は特徴的であり区別することが可能であるが、本試料中にはハブ属の腹椎骨は認められない。

両生綱

　無尾目

　　カエル類

　　　後頭骨3点、烏口・肩甲骨4点、上腕骨37点（左17右19不明1）、橈・尺骨14点（左6右2不明5）、椎骨22点、寛骨10点、尾骨3点、大腿骨27点（左16右8点不明3）、脛骨45点（左18右22不明5）、踵・距骨14点（左5右9）、計189点が出土している。大部分が小形の個体であるが、6点がやや大きな個体であったと推定できる。これらは、食料であったと考えることができる。

鳥綱

　属種不明

　　手根中手骨1点（右1）、脛跗骨2点（左右不明）、尺骨と思われるものが1点ずつ部位不明1点、計6点が出土している。また、鳥綱のものと思われる破片が3点出土している。いずれも細片や関節部を欠損しているため種の同定には至らなかった。手根中手骨と脛跗骨はシロバト大である。

哺乳綱

　翼手目

オオコウモリ科の一種

オオコウモリ科に特有の遊離歯が、10点出土している。その内4点が臼歯、6点が犬歯である。沖縄ではクビワオオコウモリが分布し、オキナワオオコウモリがかつて存在したと考えられていた。現在、宮古島ではクビワオオコウモリが生息する。これらオオコウモリは概して頭胴長20cm前後を計り、東南アジア諸国では広く食用とされる。

属種不明

翼手目の一種、小形のコウモリ類の下顎骨1点が出土している。解体痕等は見られなかった。

食虫目

属種不明

食虫類の上腕骨1点（左1）、脛骨1点（右1）が出土している。ジャコウネズミに近似するが、食虫類には似た形態の個体が多く、種の同定には至らなかった。

翼手目もしくは食虫目

翼手類もしくは食虫類の下顎骨の破片1点が出土している。両類とも類似する点があり、本試料では区別することが困難である。

海牛目

ジュゴン

肋骨1点（左右不明）、およびジュゴンに相当すると考えられる破片骨3点が出土している。ジュゴンは、琉球列島の遺跡から出土することは珍しくなく、グスク時代には不老長寿の薬として重用された。固く重い骨格は、石器石材に乏しい琉球諸島では、骨鏃をはじめとする道具類および装飾品の材料とされた。

偶蹄目

リュウキュウイノシシ

293点が出土しており、哺乳類の中では最も多い。部位は、肩甲骨2点、尺骨4点、手根骨5点、踵骨5点（右3左2）、上腕骨9点（右2左4不明3）、中手骨6点、中手骨また中足骨11点、中節骨7点、距骨2点（左2）、基節骨10点などである。宮古島には現在、リュウキュウイノシシは生息しない。

ウシ

表土層から出土しており、年代は不明である。下顎骨の後臼歯が1本出土しており、現生の小形の標本個体とほぼ同じ大きさを測る。

3．考察

今回出土した動物遺存体で、主要なものは、魚類、リュウキュウイノシシ、カエル類、ジュゴン（表1）である。いずれも主要な食料となったと考えられる。

魚類は、ハタ科の一種かアラと考えられる大形魚が1点出土しているが、大形の魚類は他にみられず、出

土した魚類のほとんどは、サンゴ礁内で取れる小形魚類で占められる。魚類の生態からみても、アラフ遺跡に居住した人々の生業活動域は、大部分がサンゴ礁内であったと想定することができる。

リュウキュウイノシシの大きさは、上顎骨後臼歯で長さ23.1mm、幅13.6mmと、現生のリュウキュウイノシシとほぼ同程度である。層位による大きさに変化はみられない。2号竪穴遺構からの出土が41点と、他の遺構に比べて特に多い。宮古島には現在リュウキュウイノシシは生息しないが、旧石器時代のピンザアブ洞穴の化石層からはリュウキュウイノシシより大きな個体の出土が報告されている。宮古島が島嶼化した後、島内に残った野生イノシシであると考えるほかに、島外から持ち込まれた可能性も考えられる。現在DNAを分析中であり、その結果によって、本遺跡のイノシシ属の帰属やリュウキュウイノシシ自体の系譜がより明らかになるであろう。

ジュゴンは、肋骨に斧様の利器で加撃した痕跡が見られ、表面に、はつり傷を残す。Ⅱ層から多く出土している。精細な紋様をジュゴンの肋骨に施した蝶形骨器は、沖縄本島の貝塚時代前期（およそ3500年前）吹出原遺跡、室川貝塚などから出土している。蝶形骨器の紋様は、中国の「饕餮文」との類似も指摘されており、南方文化圏との往来が推測できる。また、勝連グスク（10−13世紀）からは、ジュゴンの骨で作った鏃も出土しており、ジュゴンが琉球諸島の中で、道具類および装飾品の素材として重要な位置を占めていたことが分かる。

カエル類は、同定できる四肢骨が多数残っており、3号、4号竪穴遺構から多く出土している。総数で189点出土しており、魚類、リュウキュウイノシシに次いで出土点数が多い。層位ではⅢ層からの出土が多い。島嶼という立地から考えて、限られた島の食料資源の中で重要な役割を果たしたであろう。

遺構別にみると、竪穴遺構部と集石遺構部とで、出土する動物種が異なっている（図1）。竪穴遺構部で魚類は、破片数で全体の半分以下、イノシシおよびカエルが過半数を占める。一方、集石遺構部では、1号、4号、5号、8号、9号、10号集石から動物遺存体が出土しているが、ほぼすべての集石遺構で魚類が多い。

層位別にみると、Ⅲ層下面からⅣ層で出土破片数が多い（図2）。構成する種は、魚類が多く、Ⅲ層下面では、魚類75.6％と全体の3／4を占め、Ⅳ層では86％を占める。Ⅴa層まではその傾向が続くが、Ⅴb層になると、構成比が大きな変化をみせる。イノシシなど哺乳類が63％と全体の3／5を占めるようになる。これは生業が変化したとみるよりは、環境の変化によるものと考えられる。

本遺跡の動物遺存体は、宮古島における先史時代の生業形態をあきらかにするばかりでなく、当時の環境を復元するためにも、貴重な資料であるといえる。

翼手目と食虫目の同定には、奈良教育大学前田喜四雄先生（動物分類学）のご教示を賜った。

引用・参考文献

沖縄県教育委員会編　1985『ピンザアブ　ピンザアブ洞穴発掘調査報告』沖縄県教育委員会
沖縄県読谷村教育委員会編　1990『吹出原遺跡』沖縄県読谷村教育委員会
沖縄市教育委員会編　1979『室川貝塚』沖縄市教育委員会
沖縄考古学会編　1978『石器時代の沖縄』新海図書

表1　アラフ遺跡出土の動物遺存体種名表

節足動物門 ARTHROPODA
　甲殻綱 Brachyura
　　十脚目 Decapoda
　　　カニ類 Brachyura fam, gen. et sp. indet
脊椎動物門 VERTEBRATA
　軟骨魚綱 Chondrichthyes
　　サメ・エイ類 Subclass Elasmobranchii fam., gen. et sp. indet
　硬骨魚綱 Osteichthyes
　　ウナギ目 Anguilliformes
　　　ウツボ科 Muraenidae
　　　　ウツボ属の一種 *Gymnothrax* sp.
　　カサゴ目 Scorpaeniformes
　　　コチ科 Platycephalidae
　　　　コチ科の一種 Platycephalidae, gen. et sp. indet
　　スズキ目 Perciformes
　　　ハタ科 Serranidae
　　　　マハタ？ *Epinephelus septemfasciatus*
　　　　アラ？ *Niphon spinosus*
　　　　ハタ科の一種 Serranidae, gen. et sp. indet
　　　フエダイ科 Lutjanidae
　　　　フエダイ科の一種 Lutjanidae, gen. et sp. indet
　　　タイ科 Sparidae
　　　　クロダイ属の一種 *Acanthopagrus* sp.
　　　　ヘダイ *Sparus sarba*
　　　ベラ科 Labroide
　　　　ベラ科の一種 Labroidei, gen. et sp. indet
　　　ブダイ科 Scaridae
　　　　イロブダイ *Cetoscarus bicolor*
　　　　ブダイ科の一種 Scaridae, gen. et sp. indet
　　　カマス科？ Sphyraenidae
　　　　カマス科の一種 Sphyraenidae, gen. et sp. indet
　　カレイ目？ Pleuronectiformes
　　カレイ目の一種？ Pleuronectiformes fam, gen. et sp. indet
　　フグ目 Tetraodontiformes
　　　カワハギ科 Monacanthidae
　　　　カワハギ科の一種 Monacanthidae, gen. et sp. indet
　　　ハリセンボン科 Diodontidae
　　　　ハリセンボン科の一種 Diodontidae, gen. et sp. indet
　両生綱 Urodela
　　無尾目 Anura
　　　カエル類 Anura, fam. gen. et sp. indet
　爬虫綱 Reptilia
　　カメ目 Testudines
　　　ウミガメ科またはオサガメ科 Chelonidae seu. Dermochelyidae gen. et sp. indet
　　ヘビ亜目 Ophidia
　　　ヘビ類 Ophidia fam. gen. et sp. indet
　鳥綱 Aves
　　属種不明 Aves, fam. gen. et sp. indet
　哺乳綱 Mammalia
　　食虫目 Insectivora
　　　トガリネズミ科 Soricidae
　　　　ジャコウネズミ属の一種 *Suncus* sp.
　　翼手目 Chiroptera
　　　オオコウモリ科 Pteropodidae
　　　　オオコウモリ科の一種 Pteropodidae, gen. et sp. indet
　　海牛目 Sirenia
　　　ジュゴン科 Dugondidae
　　　　ジュゴン *Dugon dugon*
　　偶蹄目 Artiodactyla
　　　イノシシ科 Suidae
　　　　リュウキュウイノシシ *Sus scrofa riukiuanus*
　　　ウシ科 Bovidae
　　　　ウシ *Bos taurus*

図1 遺構別動物出土数

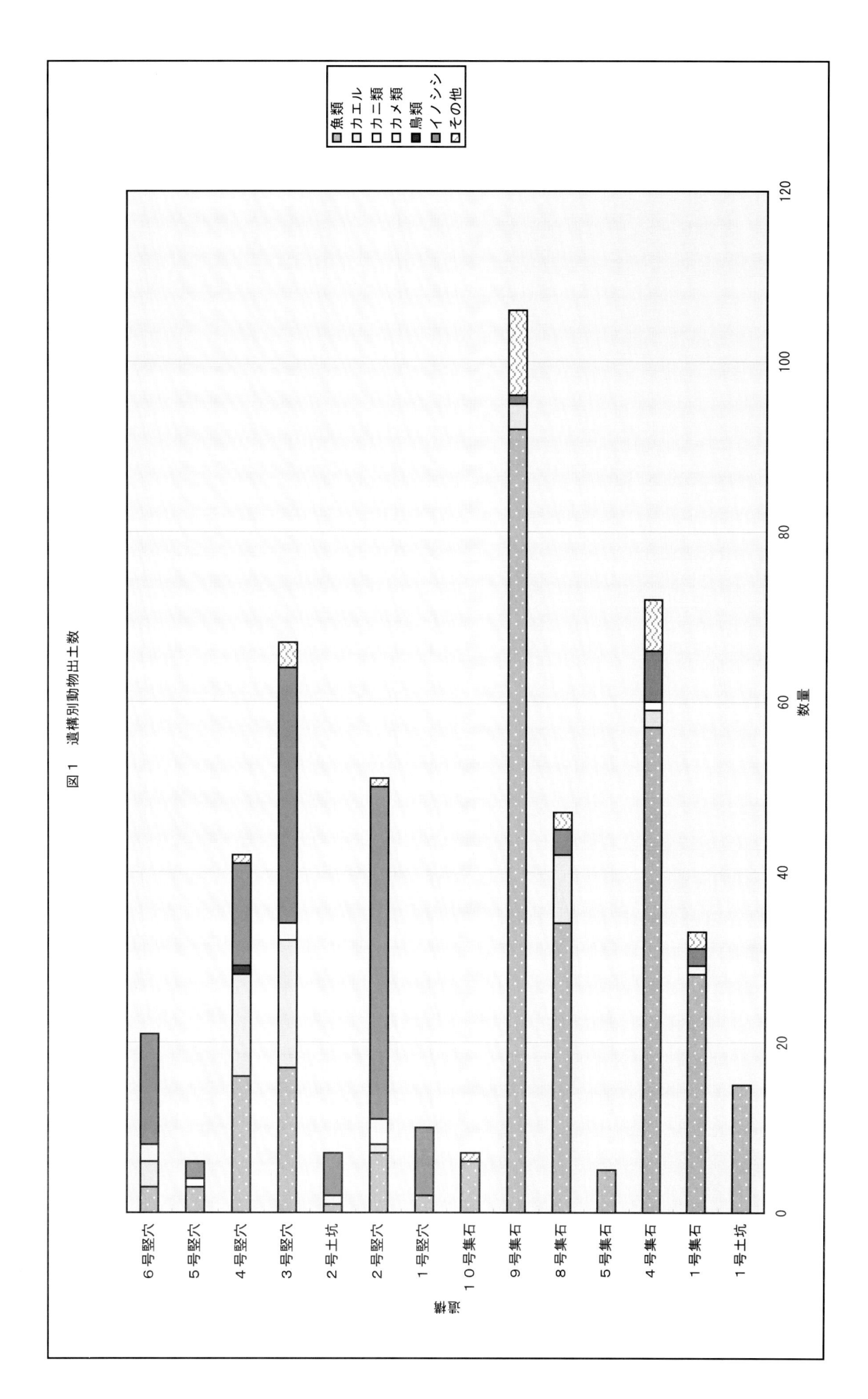

凡例
魚類
カエル
カニ類
カメ類
鳥類
イノシシ
その他

縦軸：遺構（6号竪穴、5号竪穴、4号竪穴、3号竪穴、2号土坑、2号竪穴、1号竪穴、10号集石、9号集石、8号集石、5号集石、4号集石、1号集石、1号土坑）

横軸：数量（0〜120）

— 99 —

表2 層位別動物出土数

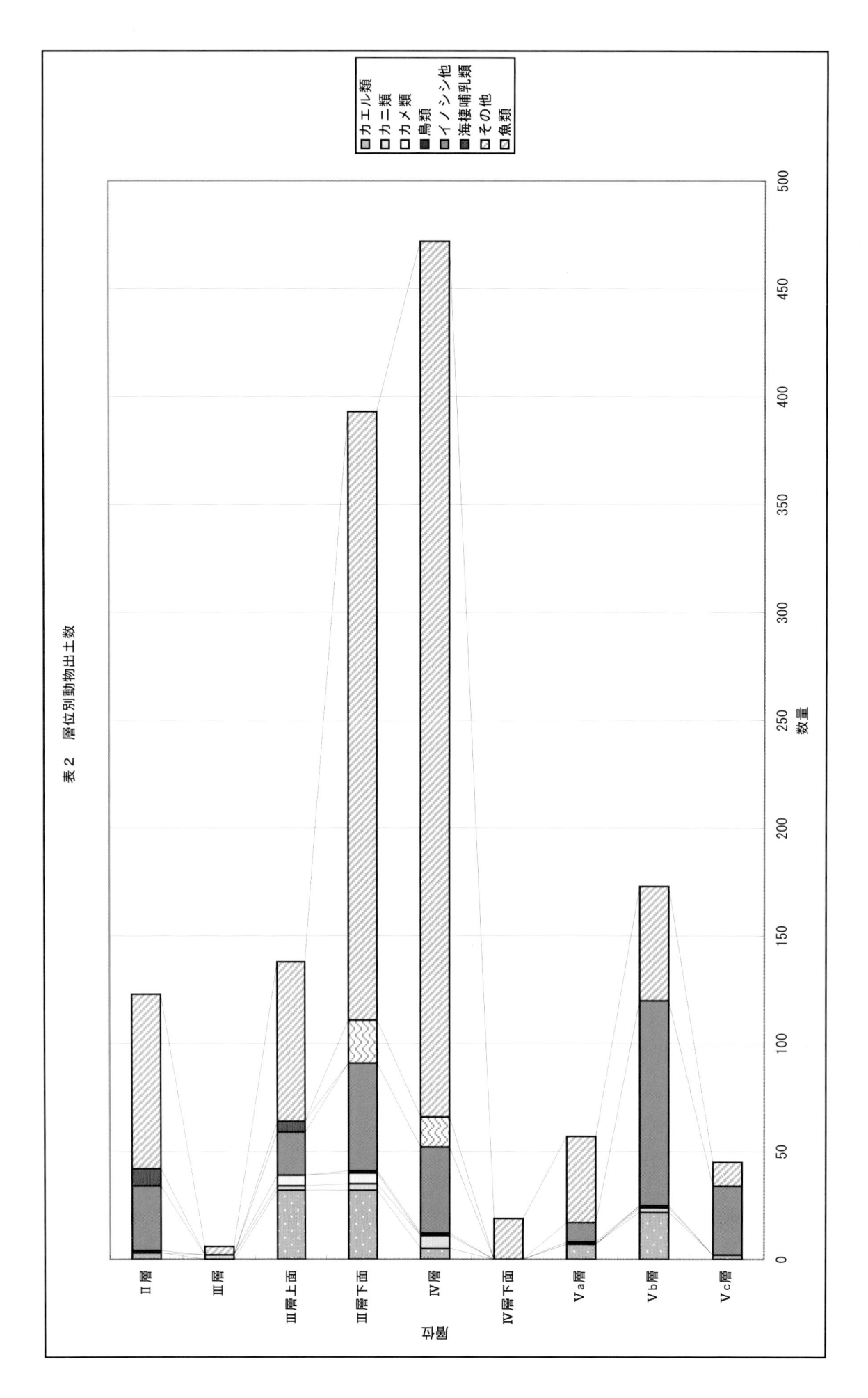

アラフ遺跡から発掘された貝類の生息環境

名和　純

　アラフ遺跡から発掘された貝類の殻は、全部で134種であった。その内訳は、海産貝類105種、淡水産貝類6種、陸産貝類9種となっている。高次分類別では、多板綱3種、腹足綱（巻貝）120種、二枚貝綱10種、頭足綱1種となっている。以下に海産、淡水産、陸産の別に生息環境の特徴を述べていく。

海産種
　海産種はすべてサンゴ礁域を生息場所とする種からなっている。そのほとんどは、サンゴ礁域のなかでも外洋に面した石灰岩礁海岸の潮間帯に生息する種である。そのため、干潟を生息場所とするような二枚貝類はほとんど含まれず、90％以上が腹足類（巻貝）で占められている。種まで同定できた96種の海産種はすべて宮古島に現生しており、アラフ遺跡付近の海岸にも普通に見られる種が多い。こうしたことから、貝塚形成当時の海岸環境は、現在の遺跡付近のそれと大きな違いはないと考えられる。なお、アマオブネガイ科の種などの小型の巻貝には、貝殻の殻口内側が壊されたものが多い。これは、オカヤドカリが使用した貝殻である。

淡水産種
　淡水産種は、ヌノメカワニナ、トウガタカワニナ、ネジヒダカワニナ、カワニナ、タイワンモノアラガイ、クルマヒラマキガイの6種が確認された。これらの種は、水田や湧水を生息場所としているが、カワニナ以外の5種は、稲作やミズイモなどの農耕文化とともに帰化した移入種の可能性が指摘されている（黒住2003）。これらの種は、宮古島においては、水田稲作が盛んであった頃には広い範囲に多産していたが、1960年代以後の転作によりほとんど消滅した。そのため、現在では海岸付近の湧水周辺にヌノメカワニナがごくわずかに見られる程度となっている。

陸産種
　陸産種は9種が識別された。このうち、多量に見出されたのは、ミヤコヤマタニシ、オキナワウスカワマイマイ、ノバルマイマイの3種であった。ミヤコヤマタニシは、現在の宮古島においては、野原岳などの限られた地域の森林に生息しているが、個体数は多くない。ノバルマイマイは、更新世の化石種とされ（東ほか 1987）、現生していない。これらのことからも、貝塚形成当時の陸域環境には、ノバルマイマイやミヤコヤマタニシなどの中大型陸産貝類の個体群が維持できるだけの大規模な森林が発達していたと推察される。

引用文献
東正雄・東良雄
　1987．宮古群島の陸産貝類－Ⅰ．Venus Vol. 46, No.3 159-165.
肥後俊一・後藤芳央
　1993日本及び周辺地域産軟体動物総目録．693pp．エル貝類出版局
黒住耐二
　2003　軟体動物．琉球列島の陸水生物．167－180．東海大学出版会

アラフ遺跡出土の植物遺体

札幌大学　高宮広土

1）はじめに

　アラフ遺跡は、沖縄県宮古郡城辺町に所在する新石器時代後期の遺跡で、2000年以降、沖縄国際大学江上幹幸によって5次にわたって発掘調査が実施されている。その主な目的の一つは、この時期における生業を明らかにすることである。

　そのなかで、南琉球圏における植物利用を理解するために、アラフ遺跡では、大量の土壌サンプル（1300以上）をフローテーションのために回収した。そのうち、257ライトフラクションサンプル（Light Fraction＝浮遊物）が植物遺体分析のために筆者に送付されてきた。

　その結果、計649.89グラムのライトフラクションサンプルが回収された。これほどの土壌がサンプリングされ、フローテーション法によって処理されたにもかかわらず、回収された植物遺体は、ごく僅かのものであった。

2）検出された植物遺体

タデ科（POLYGONACEAE）

　タデ科の痩果が、Ⅱ層2号集石上面の土壌サンプル（LF22）から回収された。痩果の形体は卵状三稜形で、先端は尖っている。写真1のサイズは長さx幅x厚さ：1.0x 0.7x0.8（mm）である。

キイチゴ属（Rubus Linn.）

　キイチゴ属の小核が、K-10北壁サンプル⑤の土壌サンプル（LF258）から1点検出土された。形体は半横広卵形で、小核の表面には網目模様が観察された。写真2のサイズは長さx幅x厚さ：0.6x 0.9x 0.5（mm）である。

ニワトコ属（Sambucus Linn.）

　狭楕円形の核が、Ⅰ-11-ハ　Ⅲ層下部（ブラックバンド直上）の土壌サンプル（LF31）から1点検出された。背面は丸みがあり、腹面の正中線は鈍稜が観察される。

　核の表面は粗面で、水平方向にいぼ状隆条が走っている。

　写真3のサイズは長さx幅x厚さ：1.8x 0.9x 0.7（mm）である。

不明

　1）形体的には、キイチゴ属の小核に類似するが、決定的な特徴を欠くため、このカテゴリーに含めた。タデ科と同様にⅡ層2号集石上面の土壌サンプル（LF22）から回収された。写真4のサイズは長さx幅x厚さ：0.5x1.0 x0.4（mm）である。

　2）種子の形体は腎臓状円形で、表皮には網目状模様が観察された。今回、最も多く検出され（4点）、以下のサンプルで確認されている。

　　　Ⅳ層2号集石上面　　　　　　　1点　　（LF22）
　　　Ⅰ-10-ロ　Ⅲ層　　　　　　　1点　　（LF11）
　　　H-12No.3集石遺構？白砂　　　1点　　（LF40）
　　　Ⅰ-11-ハ　Ⅲ層　　　　　　　1点　　（LF49）

　写真5のサイズは長さx幅x厚さ：0.9x1.1x0.6（mm）である。

同定不可能

　保存状態が悪く、同定が不可能な植物遺体が1点Ⅰ-11-ハ　Ⅲ　ブラックバンド上面の土壌サンプル

(LF49) から検出されている。

注）LF=Light Fraction Number

3) 結論

　「はじめに」にも記したように、大量の土壌をサンプルしたにもかかわらず、ほんの数点の植物遺体しか回収することができなかった。つまり、発掘調査の目的の一つである宮古島の先史時代における植物利用に関しては、今回具体的な結論あるいは仮説を提供することはできない。「沖縄の先史時代の遺跡から植物遺体を回収することは難しい」と言われるが、ここ10年ほど、ある程度の土壌をサンプルすると、ほとんどの遺跡から植物遺体を回収することが可能であった。このことから、アラフ遺跡における植物利用に関して、いくつかの推測を述べることができる。まず、アラフ遺跡人が穀類ではなく、根茎類を主に食していたという推測である。新石器時代後期文化の起源は、明らかではないが、一般的に沖縄諸島やさらに北の九州／本土等の北方からではなく、より南の地域が起源地であると考えられている。そこは、ラピタ文化の起源地の可能性も示唆され、彼らにとっては、根茎類が主な炭水化物源であった。もし、アラフ遺跡の人々が、より南の人々あるいは文化と関係があれば、この推測の可能性も今後考慮すべきであろう。次に、今回土壌サンプルか主に回収された集石遺構の機能であるが、礫の多くが焼けており、そこから検出された貝類にも焼け跡が観察されることから、この遺構は調理に関連した遺構であると解釈されている。しかしながら、これほど植物遺体が検出されないということは、（根茎類でなかったとすると）これらの遺構は調理とは直接かかわり合いがない遺構であるのかもしれない。実際、全てのライトフラクションには、それほど多くの炭化材は含まれていなかった。

　沖縄国際大学によるアラフ遺跡における発掘調査は、南琉球圏における新石器時代後期に関して、大変貴重なデータをいくつも提供することとなった。しかしながら、その中に「過去における植物利用」に関するデータを含めることはできなかった。先史時代の宮古島（および先島諸島）では、おそらく植物食はかなりのウェイトを占めていたと考えられる。特に、回収された動物遺体は貝類やサンゴ礁の魚類がメインであるようなので、この点からも植物は、アラフ遺跡および新石器時代後期の人々にとって重要な食料源であったことが示唆される。今後もこのようなアプローチを取り入れることによって、先島諸島先史時代における植物食利用が解明されていくことであろう。

謝辞：

　今回、プロダクティブな結果にはなりませんでしたが、アラフ遺跡出土の植物遺体の分析という機会を与えてくださった沖縄国際大学江上幹幸先生に心より感謝申し上げます。また、フローテーション処理を実施してくださった、沖縄国際大学の学生諸君にもこの場をお借りしてお礼を申し上げます。大量のアラフ遺跡の植物遺体の一次分析は、札幌大学文化学部4年生三谷和平君および高橋堅太郎君に手伝ってもらいました。

アラフ遺跡出土の植物遺体

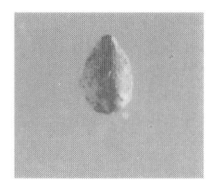

写真1 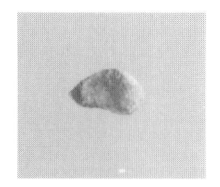　写真2 　写真3 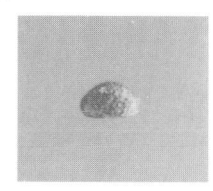　写真4 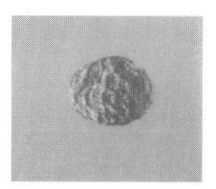　写真5

宮古島のビーチロックと後期完新世の地形発達史

琉球大学教育学部　河名俊男

1　はじめに

　宮古島は那覇市の南西約250kmに位置し、低平な台地で最高点は115m、北北西方向に約30km伸びる三角形の島で、島の周囲を、伊良部島、下地島、来間島、大神島、池間島がとりまいている。宮古島の北東海岸および南岸には比高約30～100mの直線状の急崖が発達しているが、西海岸は比高10～20mの入り組んだ海食崖あるいは海浜になっている。宮古島周辺の海底には、水深約150m以浅に数段の海底平坦面が発達し、その外側は急崖をなして500m以深の海底に至る（木崎 1985）。

　宮古島を構成している地層は、第三紀中新世～第四紀更新世前期（Ujiie and Oki 1974）の島尻層群（泥岩、砂質泥岩、砂岩）と、それを不整合におおう更新世中後期の琉球層群（基底礫岩・サンゴ石灰岩・砂質石灰岩・泥質石灰岩）からなる。両層の不整合面は全体として北東方向に向かうに従って高度を増しているので、島尻層群は主として北東部の海食崖に沿って露出している。その他の大部分の地域は、全体として石灰質の琉球層群（最大層厚65m以上で、伊良部島では約90mの層厚）に覆われ、伊良部島では琉球層群の最下部の年代が120～140万年前に遡る（佐渡ほか 1992；本田ほか 1994）。宮古島の琉球層群は北西－南東方向の断層群によって変位している。それらの断層群は、島のやや北東側中央部を通り、北西－南東方向に伸びる大きな背斜構造（Miyako Positive：Doan *et al.* 1960）によって支配され、褶曲軸に平行して、連続性のよい落差30m以下のB級の活断層群（Miyako Positiveより南西側では北東落ちの断層群、北東側では南西落ちの断層群）が発達している（木崎 1985；荒川・三浦 1990；活断層研究会 1991）。約12～13万年前（更新世後期における間氷期の高海面期）の海洋酸素同位体ステージ5e面の旧汀線高度（旧海岸線高度）は、宮古島（南岸）で15～16m、池間島で19～28m、伊良部島で約30m、下地島（ほぼ全域）で20mと推定される（小池・町田 2001）。これらの旧汀線高度は、琉球列島における海洋酸素同位体ステージ5e面の旧汀線高度（多くの島じまで30m以上と推定される：小池・町田 2001）と比較すると、相対的に低い高度を示す。これらの断層に沿って石灰岩堤と呼ばれる高まりが発達している。これらの石灰岩堤は、比高30m、幅100m、長さ数kmの直線的な高まりとして現れる（荒川・三浦 1990）。伊良部島・下地島には、多数のカルスト・ドライバレー、沈水カルスト、ドリーネも発達している（荒川・三浦 1990）。

　後述するように、宮古島のノッチ後退点高度（ノッチの最も窪んだ箇所の高度）は全体として潮間帯に含まれる。宮古島北東海岸には多数のビーチロックが分布する。これらはほとんど潮間帯ビーチロックで、約2100年前（未較正値）以降、ほぼ現海面に近い海水準下で形成されたものである（Kawana and Pirazzoli 1984）。以上から、宮古島における後期完新世（過去数千年間）の海水準はほぼ現海面に近かったと考えられる。このような特徴は、宮古島における海洋酸素同位体ステージ5e面の旧汀線高度が他の諸島の同時期の旧汀線高度に比べて相対的に低いという特徴と調和的である。換言すれば、宮古島は少なくとも更新世後期以降、他の諸島に比べて不活発な地殻変動地域であると考えられる（町田ほか 2001）。宮古島の砂丘については、とくに北東海岸に発達している。

　本論は宮古島のビーチロックの諸特徴を総括し、それを踏まえて宮古島における後期完新世の地形発達史を考察する。

2　宮古島のビーチロック

　図1は宮古島におけるビーチロックの分布とビーチロック中に含まれる構成物の年代値（未較正値）である。ビーチロックの分布は圧倒的に北東海岸に集中している。それらのビーチロックは多くの場合、小河川の河口付近に形成されている。その理由は、ビーチロックの背後の海食崖を構成している大半の地層が、島尻層群の泥岩（不透水層）（下部）とそれを覆う石灰質の琉球層群（透水層）（上部）になっていることにより、その境界面からの淡水が小河川となって海岸に流出し、その淡水と海水の混合によってビーチロックが形成されていると推察される。

　表1は、図1に示される各ビーチロックの長さ、幅、レベル（潮位）、採取試料のレベル（潮位）、採取試料名、採取試料の年代測定のコード番号、年代値（未較正値）および文献である。各ビーチロックの構成層は現在の海浜堆積物と同様に砂層であるが、分布番号17のビーチロックは礫岩ビーチロックになっている。ビーチロックのレベル（潮位）は、分布番号17を除いて70〜180cmを示す（宮古島平良港の平均潮位は104cm。潮位表基準面を0cmとする）。平良港の朔望平均満潮（干潮）位が不明のため、近隣の伊良部島の佐良浜における朔望平均満潮（干潮）位を平良港の朔望平均満潮（干潮）位とした（那覇港における朔望平均満潮（干潮）位を佐良浜での潮位に補正して求めた）。それによると平良港における朔望平均満潮位は179cm、朔望平均干潮位は−31cmで、分布番号17を除いたビーチロックはほぼ潮間帯に位置している。分布番号17の礫岩ビーチロックは、礫岩ビーチロック背後の海食崖から流入する淡水の影響で礫岩が固化し、その結果高度が高くなっていると考えられるので（Kawana and Pirazzoli 1984）、分布番号17の礫岩ビーチロックについては、その高度に基づく海水準の議論はできない。

　宮古島を縁取るサンゴ礁は、ほとんどが礁嶺（沖側が高いサンゴ礁地形）を伴うサンゴ礁であるので、強波のエネルギーは礁嶺でかなり減衰し、その結果海浜は波の静かな状況を呈する。当地域におけるビーチロックの堆積物は現在の海浜堆積物とほぼ同様の砂質堆積物であるので、宮古島におけるビーチロックの形成期には波の静かな海況で、すでに礁嶺が形成されていたものと推測される。ビーチロックの年代値は合計7件で、このうち2件は本研究で得られた値である。ビーチロックに関する以上の諸特徴は、宮古島における後期完新世の海面変動は約2100年前（未較正値）以降、ほぼ現海水準のまま現在に至っているという見解（Kawana and Pirazzoli 1984）を再確認する。

3　宮古島におけるビーチロック、ノッチ、サンゴ礁、および砂丘の形成とそれらの相互関連

　宮古島におけるノッチの後退点（最も窪んだ箇所）の潮位はほぼ平均潮位を示している。このことは、上述の「宮古島における後期完新世の海面変動は約2100年前（未較正値）以降、ほぼ現海水準のまま現在に至っている」という見解を支持している。一方、上記のノッチ（下位ノッチと呼称する）を詳細に観察すると、下位ノッチの上方に、別の時期に形成されたと考えられるノッチ（上位ノッチと呼称する）の上半部が見られ、多くの場合、上位ノッチの下半部（後退点を含む）が下位ノッチに浸食されている形態を示す。このことは、下位ノッチ形成期以前のある時期に平均潮位よりもやや高い海水準があり、その時期に上位ノッチが形成されていたと考えられる。多くの場合、上位ノッチの後退点は下位ノッチによる浸食で消滅しているので、上位ノッチの後退点高度から推定される海水準は不明であるが、図1の分布番号3の北側のノッチでは上位ノッチの後退点高度が確認でき、その潮位は165cmを示す。以上から、下位ノッチ形成時期以前のある時期に、現海水準より数10cm程度高かった海水準（上位ノッチを形成した海水準）が存在していたことを示している（後述の図4参照）。

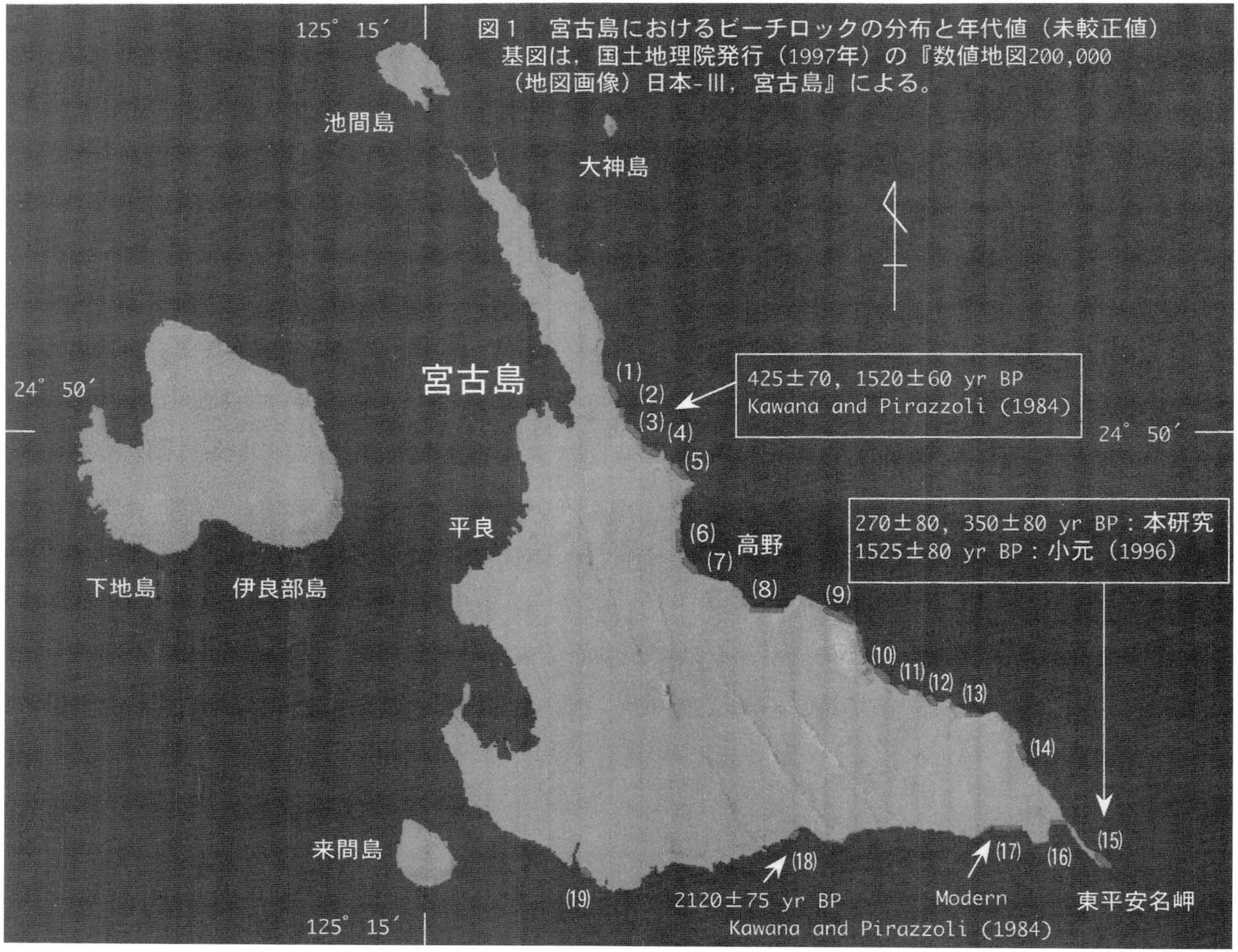

図1 宮古島におけるビーチロックの分布と年代値（未較正値）
基図は，国土地理院発行（1997年）の『数値地図200,000
（地図画像）日本-Ⅲ，宮古島』による。

425±70, 1520±60 yr BP
Kawana and Pirazzoli (1984)

270±80, 350±80 yr BP : 本研究
1525±80 yr BP : 小元 (1996)

2120±75 yr BP
Kawana and Pirazzoli (1984)

Modern
東平安名岬

宮古島
大神島
池間島
伊良部島
下地島
来間島
平良
高野

表1 宮古島のビーチロックの諸特徴

ビーチロックの分布番号	ビーチロックの長さ(m)	ビーチロックの幅(m)	ビーチロック表面基準面を0cmとする潮位(cm)。(平均潮位は104cm)。	ビーチロック中の採取試料の潮位(cm)	ビーチロック中の採取試料	年代測定試料のコード番号	試料の年代値(yr Bp)	文献
1	250(推定)	20(推定)	—					
2	115(推定)	30(推定)	—					
3	400	70	80~180	170	シャコ貝	N-4168	425±70	Kawana and Pirazzoli(1984)
〃	〃	〃	95~175	180	シャコ貝	N-4169	1520±60	Kawana and Pirazzoli(1984)
4	420	29	85~160					
5	350	30	80~120					
6	160	12	95~155					
7	290	10	55~135					
8	380	8	10~175					
9	240	20	55~160					
10	65	7	80~160					
11	40	7	—					
12	240(推定)	15(推定)	40~220					
13	175	23	80~180					
14	190	24	70~170	80	シャコ貝	GaK-14849	270±80	本研究
15	105	11	〃	150	シャコ貝	GaK-148848	350±80	本研究
〃	〃	〃	〃	=104	有孔虫殻	NU-612	1525±80	小元(1996)
〃	〃	〃	100~150					
16	450	30	90~365	225	シャコ貝	N-4167	Modern	Kawana and Pirazzoli(1984)
17	300	20	90~180	180	シャコ貝	N-3825	2120±75	Kawana and Pirazzoli(1984)
18	50	12	90~180					
19	40	15	70~210					

表2　宮古島における試料の未較正値（yr BP）の暦年代値（cal BP）へに較正

試料の構成層	試料	年代測定試料のコード番号	試料の年代値（yr BP）	較正値(cal BP)	文　献
ビーチロック	シャコ貝	N-4167	Modern	Modern	Kawana and Pirazzoli(1984)
ビーチロック	シャコ貝	GaK-14849	270±80	419(298)256	本研究
ビーチロック	シャコ貝	GaK-14848	350±80	476(415)295	本研究
ビーチロック	シャコ貝	N-4168	425±70	511(468)413	Kawana and Pirazzoli(1984)
サンゴ礁	サンゴ	MHH-1	540±70	613(530)492	堀ほか(1994)
サンゴ礁	サンゴ	MTK-9	1120±80	1169(1060)963	堀ほか(1994)
ビーチロック	シャコ貝	N-4169	1520±60	1536(1479)1386	Kawana and Pirazzoli(1984)
ビーチロック	シャコ貝	NU-612	1525±80	1560(1485)1372	小元(1996)
サンゴ礁	サンゴ	MTK-1	1570±80	1617(1522)1413	堀ほか(1994)
サンゴ礁	サンゴ	MTK-2	1610±80	1685(1558)1482	堀ほか(1994)
サンゴ礁	サンゴ	MHH-5	1940±75	2055(1948)1864	堀ほか(1994)
サンゴ礁	サンゴ	MHH-3	1960±75	2090(1978)1879	堀ほか(1994)
サンゴ礁	サンゴ	MTK-6	2000±80	2131(2024)1921	堀ほか(1994)
サンゴ礁	サンゴ	MHH-9	2040±80	2175(2085)1969	堀ほか(1994)
サンゴ礁	サンゴ	MHH-6	2110±75	2296(2150)2063	堀ほか(1994)
ビーチロック	シャコ貝	N-3825	2120±75	2301(2161)2082	Kawana and Pirazzoli(1984)
サンゴ礁	サンゴ	MHH-2	2120±75	2301(2161)2082	堀ほか(1994)
サンゴ礁	サンゴ	MHH-4	2140±75	2312(2200)2106	堀ほか(1994)
サンゴ礁	サンゴ	MTK-10	2490±85	2746(2701)2531	堀ほか(1994)
サンゴ礁	サンゴ	MTK-3	2530±85	2770(2720)2660	堀ほか(1994)
サンゴ礁	サンゴ	MTK-4	2830±85	3182(3044)2915	堀ほか(1994)
サンゴ礁	サンゴ	MTK-5	2850±85	3205(3069)2938	堀ほか(1994)
サンゴ礁	サンゴ	MTK-7	2880±85	3242(3118)2969	堀ほか(1994)
サンゴ礁	サンゴ	MHH-7	3410±80	3862(3751)3635	堀ほか(1994)
サンゴ礁	サンゴ	MHH-8	3700±90	4281(4140)3991	堀ほか(1994)
サンゴ礁	サンゴ	MTK-8	3780±90	4399(4250)4125	堀ほか(1994)

注
　未較正値から暦年代値への較正は、同位体分別補正（デルタ 13C＝0±2‰）、海洋リザバー効果（402年±0年）を基にして、Stuiver et al.(1998)のINTCAL98に基づき較正した。

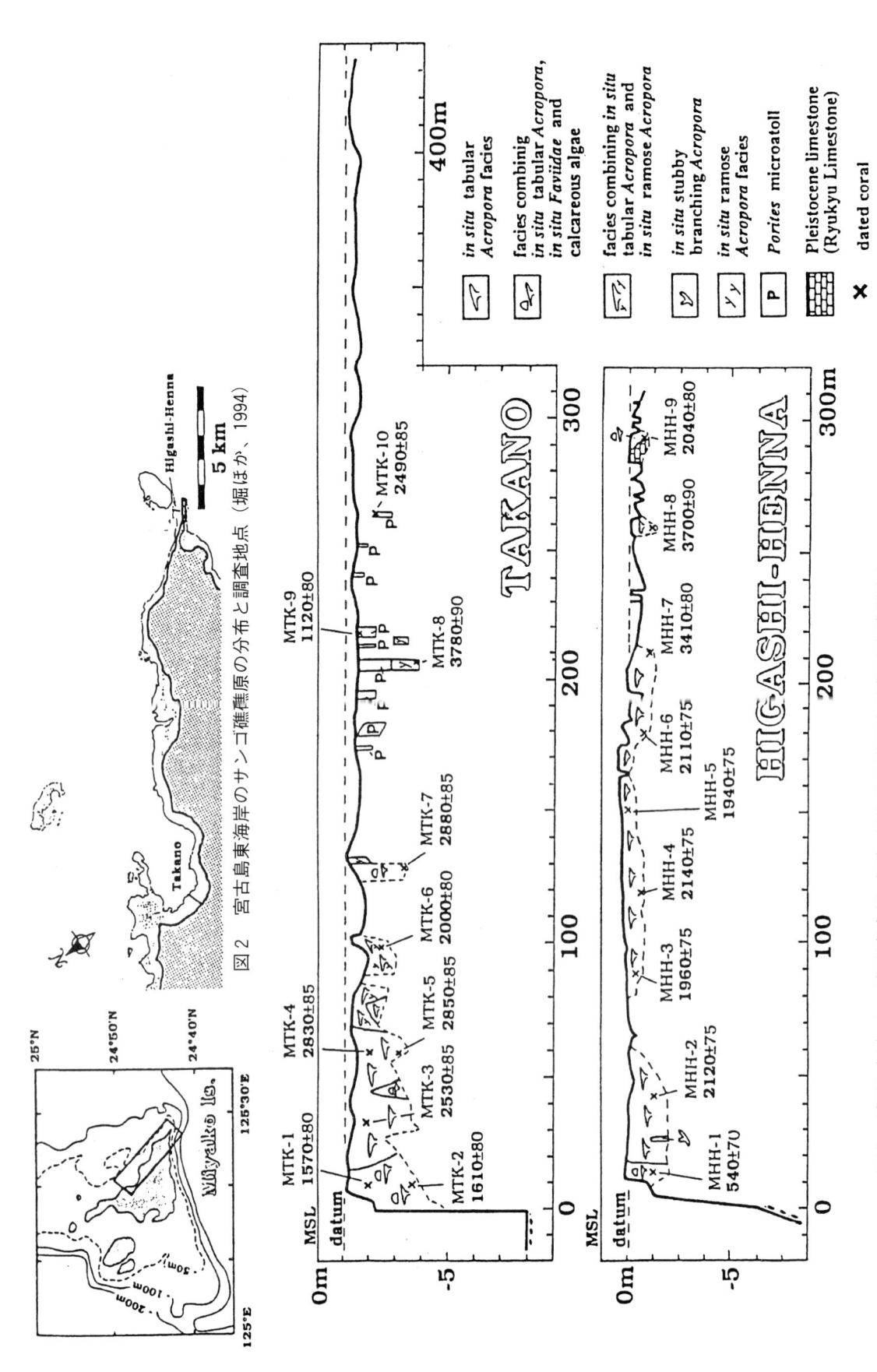

図2 宮古島東海岸のサンゴ礁原の分布と調査地点（堀ほか、1994）

図3 高野（上）と、東平安名岬（下）における礁原上層部の堆積構造と化石サンゴ試料の放射性炭素年代値（堀ほか 1994）

宮古島の周辺海域はサンゴ礁で縁取られている。そのうち、2カ所（図1の分布番号7の高野と分布番号15の東平安名岬）からサンゴ礁の年代値（未較正値）が求められている（図2と図3；堀ほか1994）。それによると、当地域のサンゴ礁は大きく3列のサンゴ礁から構成され、①約3800～3400年前頃、最も陸側にサンゴ礁の平坦面が形成された。ただし礁嶺（サンゴ礁の沖側が高い地形）は未発達であった。このため当時の海況は、強い波が直接海岸を襲う環境（Holocene high energy window：Hopley 1984）であったと考えられる。②約2900～1950年前、その沖側に新たなサンゴ礁が形成された。そのサンゴ礁は礁嶺を伴っているので、その内側の礁池は波の静かな海域になった。③約1600年前以降、さらにその沖側に新たなサンゴ礁が形成され、現在に至っていると推測される。

　前述のビーチロックと上述のサンゴ礁の年代値は、いずれも暦年代に較正していない未較正値であるので、それらの年代値を同位体分別補正（デルタ13C＝0±2‰）および海洋リザバー効果（402年±0年）を基にして、Stuiver *et al.* (1998)のCALIB INTCAL 98のコンピューター・プログラムに基づいて暦年代値に較正した。その結果を示したのが表2である。以下、暦年代に基づいて宮古島における後期完新世の地形発達史を考察する。

　上述したように宮古島のノッチ後退点高度から推定される後期完新世の海面変動は、①ある時期に現在よりも相対的に若干（数10cm）高い海水準があり上位ノッチが形成された。②その後、海退が起きた。③海退後は現在とほぼ同レベルの海水準になり、現在に至っていると考えられる。一方、ビーチロックは暦年代で考えると、約2300年前以降、ほぼ現在の海水準下で形成されている。前述したように宮古島におけるビーチロックの形成期には、すでに礁嶺が形成されていたと推測されるので、少なくとも約2300年前のサンゴ礁には礁嶺が形成されていたと推測される。

　一方砂丘の形成時期については、それを検討する各種の年代値が得られていないので、具体的な議論はできないが、宮古島の海岸における風向や風速などが過去数千年間においてそれほど変化がなかったと仮定すれば、「ある時期の海退に伴う海浜の拡大による砂の供給量の増大＝砂丘の形成開始」と考えると、宮古島における砂丘の形成開始時期は、上位ノッチから下位ノッチへの海退時期に相当する可能性が考えられる。

4　宮古島における暦年代に基づく後期完新世の地形発達史

　以上を総合的に考察すると、宮古島における暦年代に基づく後期完新世の地形発達史は以下のように推測される。

1）約4400～3600年前頃、上位ノッチの後退点高度から推測すると、相対的な海水準は今よりも数10cm高かった。当時、石灰岩の海食崖には上位ノッチが形成され、海域にはサンゴ礁の平坦面が形成された。ただし礁嶺は未発達であったので、当時の海況は強い波が直接海岸を襲う環境（Holocene high energy window）であった。その時期にすでに砂丘が形成されていたかどうかについては、はっきりしない。

2）約3600～3200年前、海退が起きた。この海退に伴って海浜が拡大し、その結果砂の供給量が増大し、砂丘の形成が開始された。

3）約3200年前以降、海水準はほぼ現海水準に近くなり、現在に至っている。この海水準下で下位ノッチが形成された。下位ノッチは多くの場合上位ノッチの後退点およびその下半部を浸食しているので、上位ノッチの後退点はほとんど確認できない。下位ノッチは宮古島における典型的なノッチである。

4）約3200～1900年前、その沖側に新たなサンゴ礁が形成された。そのサンゴ礁は礁嶺を伴っているので、その内側の礁池は波の静かな海域になった。そのような環境下で海岸にはビーチロックが形成された。とくに北東海岸沿いには海食崖からの淡水の流入が著しく、それらの淡水と海水が混合して、河口付近に多数のビーチロックが形成された。

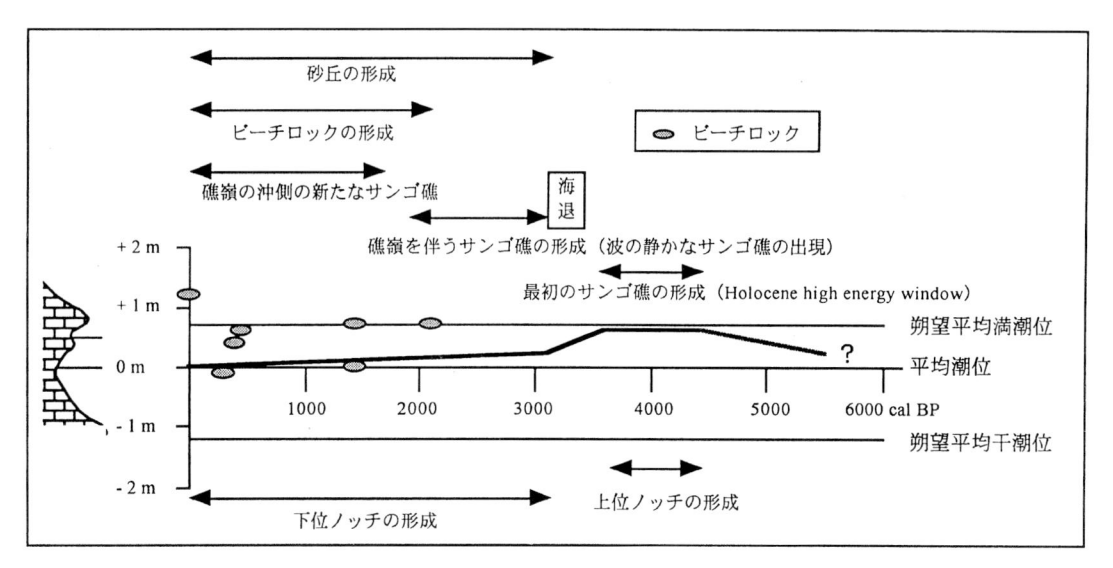

図4　宮古島における暦年代に基づく後期完新世の地形発達史

5）約1700年前以降、さらにその沖側に新たなサンゴ礁が形成され、現在に至っている。

以上の地形発達史は図4に総括される。

文献

荒川達彦・三浦　肇（1990）：溶かされたサンゴ礁　カルスト地形．サンゴ礁地域研究グループ編『熱い自然　サンゴ礁の環境誌』，古今書院，215-229.

Doan, D.B., Paseur, J.E. and Fosberg, F.R. (1960): Military geology of the Miyako Archipelago, Ryukyu-Retto. *Intell. Div. Eng. HQ, USAP with USGS*, 214p.

本田信幸・辻　喜弘・松田博貴・五十女順一（1994）：琉球列島伊良部島の第四系石灰岩の堆積相と海水準変化．石油技術協会誌，59, 86-98.

Hopley, D. (1984): The Holocene 'high energy window' on the central Great Barrier Reef. Thom, B.G., ed., *Coastal Geomorphology in Australia*, Academic Press, 135-150.

堀　信行・菅　浩伸・市川清士（1994）：宮古島のサンゴ礁礁原における地形帯の形成と場の条件．日本地理学会予稿集，45号，78-79.

活断層研究会（1991）：『新編　日本の活断層　分布図と資料』．東京大学出版会，437p.

Kawana, T. and Pirazzoli, P. A. (1984): Late Holocene shorelines and sea level in Miyako Island, the Ryukyus, Japan. *Geographical Review of Japan*. 57(Ser.B), 135-141.

木崎甲子郎編（1985）：『琉球弧の地質誌』．沖縄タイムス社，278p.

小池一之・町田　洋編（2001）：『日本の海成段丘アトラス』．東京大学出版会，105p.

町田　洋・太田陽子・河名俊男・森脇　広・長岡信治（2001）：『日本の地形7　九州・南西諸島』，東京大学出版会，355p.

佐渡耕一郎・亀尾浩司・小西健二・結城智也・辻　喜弘（1992）：琉球石灰岩の堆積年代についての新知見－沖縄県伊良部島のボーリングコア試料の石灰質ナンノ化石分析より－．地学雑誌，101, 127-132.

Stuiver, M., Reimer, P.J., Bard, E., Beck,J.W., Burr, G.S., Hughen, K.A., Kromer, B., McCormac, G., van der Plicht, J. and Spurk, M. (1998): INTCAL 98 Radiocarbon age calibration, 24000-0 cal BP. *Radiocarbon*, 40, 1041-1083.

Ujiie, H. and Oki, K. (1974): Uppermost Miocene-lower Pleistocene planktonic foraminifera from the Shimajiri Group of Miyako-jima, Ryukyu Islands. *Mem, Nat. Sci. Mus.*, 7, 31-52.

アラフ遺跡3次・4次調査の自然科学分析

パリノ・サーヴェイ株式会社

はじめに

　アラフ遺跡は、沖縄県宮古郡城辺町新城荒牛に位置し、新第三系の島尻層群城辺層で構成される急崖の下に形成された砂浜海岸上に立地している（矢崎・大山 1980）。本遺跡では、貝製人工遺物などが採取され、採取資料の特徴から隣接する浦底遺跡との共通性が指摘されている。また、今回の発掘調査では、新石器時代後期に相当すると考えられる集石遺構や貝集積、竪穴遺構、土坑などの遺構が検出され、骨・貝製人工遺物や土器などの遺物が確認されている。

　本報告では、今回の発掘調査で確認された堆積層や遺構覆土から採取した土壌を対象に、人間の生活の痕跡を検証する。特に、遺構覆土が分析試料として得られていることから、植物珪酸体分析によりイネ科作物やイネ科植物の利用の有無や、土壌理化学分析により人間の活動に伴って集積しやすいリン酸成分や有機物の有無の検証を行う。なお、これら試料である堆積物の由来や性状など基礎資料を作成するため、粒径組成の分析調査を合わせて行う。

1．試料

　分析試料は、堆積層および遺構覆土から採取された土壌7点である。以下に、アラフ遺跡の層序に関する概要を記し、試料の詳細を表1に示す。

　今回のアラフ遺跡発掘調査の結果（江上・松葉 2003）、I調査区では砂粒を主に構成されるI～V層の土層が確認されている。このうち、III・V層からは遺構が検出されている。III層は上下2層に分けられ、上層からは貝集積、上下両層からは集石遺構が検出されている。一方、V層も上・下の2層に分けられ、上・下層から住居跡と考えられる竪穴遺構が重複して検出されている。なお、これら遺構が検出された各層の年代は、放射性炭素年代測定結果によればIII層は紀元1世紀頃、V層は紀元前4世紀頃の値が得られている。

　試料は、V層から採取された土壌7点で、濃淡の差異はあるがすべて黒色を呈している。また、肉眼観察の結果、炭化物などは確認できないことから、有機物等の腐植に由来すると考えられる。これら試料全点を対象に、植物珪酸体分析、土壌理化学分析、粒径組成分析を実施する。

2．分析方法

（1）植物珪酸体分析

　湿重5g前後の試料について過酸化水素水・塩酸処理、沈定法、重液分離法（ポリタングステン酸ナトリウム、比重2.5）の順に物理・化学処理を行い、植物珪酸体を分離・濃集する。検鏡しやすい濃度に希釈し、カバーガラス上に滴下・乾燥させる。乾燥後、プリュウラックスで封入してプレパラートを作製する。

　400倍の光学顕微鏡下で全面を走査し、その間に出現するイネ科葉部（葉身と葉鞘）の葉部短細胞に由来した植物珪酸体（以下、短細胞珪酸体と呼ぶ）および葉身機動細胞に由来した植物珪酸体（以下、機動細胞珪酸体と呼ぶ）を、近藤・佐瀬（1986）の分類に基づいて同定・計数する。

（2）土壌理化学分析

　リン酸含量は硝酸・過塩素酸分解－バナドモリブデン酸比色法、腐植含量はチューリン法、粒径組成はピペット法（土壌養分測定法委員会 1981、土壌標準分析・測定法委員会 1986）でそれぞれ実施した。以下に各項目の操作工程を示す。

1）リン酸含量

　試料を風乾後、軽く粉砕して2.00mmの篩を通過させる（風乾細土試料）。風乾細土試料の水分を加熱減

量法（105℃、5時間）により測定する。風乾細土試料2.00ｇをケルダール分解フラスコに秤量し、はじめに硝酸（HNO_3）約5mlを加えて加熱分解する。放冷後、過塩素酸（$HClO_4$）約10mlを加えて再び加熱分解を行う。分解終了後、水で100mlに定容してろ過する。ろ液の一定量を試験管に採取し、リン酸発色液を加えて分光光度計によりリン酸（P_2O_5）濃度を測定する。測定値と加熱減量法で求めた水分量から乾土あたりのリン酸含量（P_2O_5mg/g）を求める。

2）腐植含量

風乾細土試料の一部を粉砕し、0.5mmφのふるいを全通させる（粉砕土試料）。粉砕土試料0.100〜0.500ｇを100ml三角フラスコに正確に秤りとり、0.4Ｎクロム酸・硫酸混液 10mlを正確に加え、約200℃の砂浴上で正確に5分間煮沸する。冷却後、0.2％フェニルアントラニル酸液を指示薬に0.2Ｎ硫酸第1鉄アンモニウム液で滴定する。滴定値および加熱減量法で求めた水分量から乾土あたりの有機炭素量（Org-C乾土％）を求める。これに1.724を乗じて腐植含量（％）を算出する。

3）粒径組成

風乾細土10.00ｇに水と30％過酸化水素水を加え、熱板上で有機物を分解する。遠心洗浄を2回行った後、水を約500mlを加え、撹拌しながら30分間音波処理を行う。1ℓ沈底瓶に移し、往復振とう機で1時間振とうした後、水で1ℓに定容する。沈底瓶を1分間激しく振り、直ちに静置して所定の時間に5cmの深さから懸濁液10mlを採取する。採取懸濁液を蒸発乾固し、乾燥・秤量する（シルト・粘土の合量）。さらに所定の時間が経過した後、沈底瓶から懸濁液を5cmの深さから10ml採取し、蒸発乾固・乾燥・秤量する（粘土含量）。沈底瓶に残ったシルト・粘土をサイフォンを使ってすべて洗い流し、その残査を乾燥・秤量する（砂含量）。これを0.2mmφの篩でふるい分け、篩上の残留物を秤量する（粗砂含量）。これら測定値をもとに粗砂（2.0-0.2mm）・細砂（0.2-0.02mm）・シルト（0.02-0.002mm）・粘土（0.002mm以下）4成分の合計を100とする各成分の重量％を求める。求めた粒径組成の値から国際法によって土性区分を行う。

3．結果

（1）植物珪酸体分析

分析の結果、いずれの試料からもイネ科作物やイネ科植物に由来する珪化組織片や植物珪酸体は全く検出されない。なお、試料番号1316・1452・2124からは試料中に炭化物粒が認められ、この他の試料からは鉱物粒が認められる。

（2）粒径組成および土壌理化学分析

分析試料はいずれも砂質であり、国際法による土性区分によればＳＬ（砂壌土）あるいはＳ（砂土）に分類される。粘土・シルト分は僅かであり、砂質未熟土に相当する土壌と考えられる。

一方、土壌中の腐植含量は、試料全体で0.43〜1.89％を示す。特に、試料番号1316（第5層）・試料番号2124（16号集石 5層最下層）は、有機物の集積が顕著である。リン酸含量は試料全体で1.51〜5.93P_2O_5mg/gを示す。各試料に含まれるリン酸含量に顕著な差が認められ、砂壌土は砂土と比較してリン酸含量が高い傾向を示す。

表1　土壌理化学分析結果

試料番号	地点	層位・遺構	土色	腐植含量（％）	リン酸含量（mg/g）	粒径組成				土性
						粗砂（％）	細砂（％）	シルト（％）	粘土（％）	
1316	Ⅰ-10	第5層	5Y3/1 オリーブ黒	1.89	4.56	57.5	19.6	16.3	6.6	SL
1337	Ⅰ-9・10・11	第5層下面灰土	5Y3/1 オリーブ黒	0.83	5.93	52.8	21.8	19.1	6.4	SL
1383	Ⅰ-10・11	2号住居第2文化層下面	2.5Y3/2 黒褐	0.73	2.71	68.4	16.1	10.9	4.6	SL
1392	Ⅰ-11	3号住居第2文化層下面	2.5Y4/3 オリーブ褐	0.43	1.51	80.9	10.1	5.3	3.7	S
1452	Ⅰ-9	6号住居第2文化層下面	5Y3/2 オリーブ黒	0.66	2.29	85.7	6.2	5.9	2.2	S
1514	Ⅰ-11	3号住居第2文化層下面	2.5Y4/2 暗灰黄	0.59	1.81	79.1	9.7	7.0	4.2	S
2124	J-10	16号集石5層最下層	5Y2/2 オリーブ黒	1.15	2.33	70.0	13.9	10.6	5.4	SL

注．（1）土色：マンセル表色系に準じた新版標準土色帖（農林省農林水産技術会議監修、1967）による。
　　（2）土性：土壌調査ハンドブック（ペドロジスト懇談会編、1984）の野外土性による。

4．考察

　アラフ遺跡Ⅰ調査区の第2文化層とされるⅤ層を構成する土壌や当層から検出された住居跡と考えられる竪穴遺構覆土、集石から採取された試料からは、イネ科作物やイネ科植物に由来する珪化組織片や植物珪酸体は全く検出されなかった。一方、試料番号1316（第5層）・試料番号2124（第5層最下層の16号集石）・試料番号1452（6号住居跡の第2文化層下面）からは、植物珪酸体分析時のプレパラート内に炭化物粒が認められ、さらに試料番号1316（第5層）・試料番号2124（第5層最下層の16号集石）では腐植含量の高い傾向が確認されている。したがって、植物珪酸体分析結果の産状からは、イネやムギ類などのイネ科作物栽培の可能性は示唆できないが、炭化物粒の存在や腐植含量の傾向から草本類や樹木類を燃料材や構築材料に利用した、あるいは当該期繁茂していた植生が焼失した痕跡といった可能性が考えられる。なお、現段階ではこれら植物の種類を判断することはできない。

　また、同文化層（Ⅴ層）から採取した試料番号1337（第5層下面の灰土）、試料番号1383（2号住居跡の第2文化層下面）、試料番号1452（6号住居跡の第2文化層下面）からは、リン酸含量の高い傾向が認められたことから、何らかの要因でリン酸が富化された可能性がある。ただし、五十嵐・藤貫（2001）によれば、新第三系炭酸塩岩や琉球石灰岩中のリン酸は全国平均よりも高い傾向が指摘されている。また、新第三系炭酸塩岩はm±σ（加重平均±標準偏差）が0.021～0.131%（0.21～1.31P_2O_5mg/g）、琉球石灰岩は0.032～0.136%（0.32～1.36P_2O_5mg/g）であることが示されているが、これらの数値はあくまでも平均的なものであり、個体によってはこれより高いリン酸含量の炭酸塩岩も存在する。宮古島は隆起した琉球石灰岩に覆われていることを考慮すると、これらに由来する炭酸塩土壌（石灰質土壌）も含んでいる可能性がある。そのため、リン酸含量を指標とした有機物量の推定や人間活動の影響を評価するためには、周辺土壌との対比が不可欠である。

　以上の結果、炭化物粒の存在や腐植含量・リン酸含量の多寡が複数の試料から認められたことから、人間活動の影響の可能性が考えられた。ただし、リン酸含量の高い傾向については、現段階では評価は難しく、その由来についてはさらに検証する必要がある。したがって、今後、炭化物の母植物の追求も含め、周辺土壌との対比、すなわち、三次元的な試料採取を基本として、より多くの試料の分析を行い再評価する必要がある。

引用文献

五十嵐俊雄・藤貫　正（2001）日本の炭酸塩岩の化学組成（3）．石灰石、310, p.10-22.
江上幹幸・松葉　崇（2003）アラフ遺跡．考古学ジャーナル、497, p.28-32, ニュー・サイエンス社.
近藤錬三・佐瀬　隆（1986）植物珪酸体分析、その特性と応用．第四紀研究、25, p.31-64.
土壌標準分析・測定法委員会編（1986）土壌標準分析・測定法．354p., 博友社.
土壌養分測定法委員会編（1981）土壌養分分析法．440p., 養賢堂.
農林省農林水産技術会議事務局監修（1967）新版標準土色帖.
ペドロジスト懇談会編（1984）土壌調査ハンドブック．156p,. 博友社.
矢崎清貫・大山　桂（1980）5万分の1図幅　宮古島．地域地質研究報告、宮古島（19）第4号、地質調査所.

50 μm
(1-7)

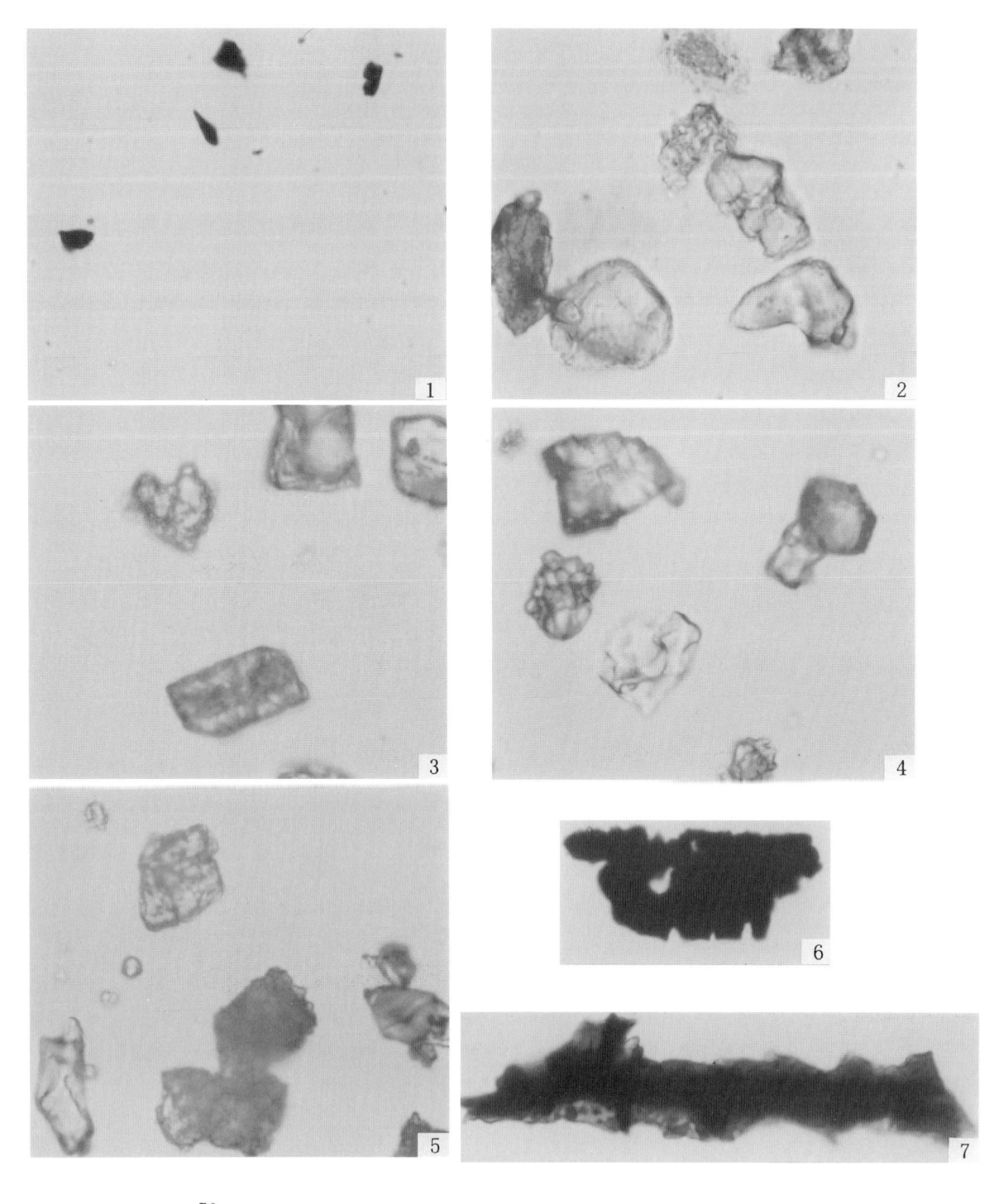

1. 状況（炭化物粒子が散在；Ⅰ-10第5層；1316)
2. 状況（鉱物物粒子が散在；Ⅰ-9・10・11第5層；1337)
3. 状況（鉱物物粒子が散在；Ⅰ-10・112号住居；1383)
4. 状況（鉱物物粒子が散在；Ⅰ-113号住居；1392)
5. 状況（鉱物物粒子が散在；Ⅰ-113号住居；1514)
6. 炭化物（J-1016号集石；2124)
7. 炭化物（Ⅰ-96号住居；1452)

アラフ遺跡における樹種同定

株式会社　古環境研究所

1．はじめに

　木材は、セルロースを骨格とする木部細胞の集合体であり、解剖学的形質の特徴から属レベル程度の同定が可能である。また、木材は花粉などの微化石と比較して移動性が少ないことから、比較的近隣の森林植生の推定が可能であり、遺跡から出土したものについては木材の利用状況や流通を探る手がかりとなる。

2．試料

　試料は、第1文化層および第2文化層から検出された炭化材3点である。試料の詳細を表1に示す。

3．方法

　試料を割折して新鮮な基本的三断面（木材の横断面、放射断面、接線断面）を作製し、落射顕微鏡によって75～750倍で観察した。同定は解剖学的形質および現生標本との対比によって行った。

4．結果

　結果を表1に示し、主要な分類群の顕微鏡写真を示す。以下に同定根拠となった特徴を記す。

イチジク属　*Ficus*　クワ科　　　　　　　　　　　　　　　　　　　　　　　　　　　　図版1・2・3
　横断面：中型から小型で丸い道管が、単独あるいは2～3個放射方向に複合して、まばらに散在する散孔材である。軸方向柔細胞は、数細胞幅の帯状で接線方向に配列する。
　放射断面：道管の穿孔は単穿孔である。放射組織は異性である。
　接線断面：放射組織は異性放射組織型で、1～5細胞幅である。

5．所見

　分析の結果、第1文化層および第2文化層から検出された炭化材は、いずれもイチジク属と同定された。イチジク属には、アコウ、ガジュマル、イヌビワなどがあり、沖縄など南西諸島には高木から低木まで多種が分布している。常緑または落葉の高木、低木または藤本である。

文献
佐伯浩・原田浩（1985）針葉樹材の細胞．木材の構造，文永堂出版、p.20-48.
佐伯浩・原田浩（1985）広葉樹材の細胞．木材の構造，文永堂出版、p.49-100.

アラフ遺跡の炭化材

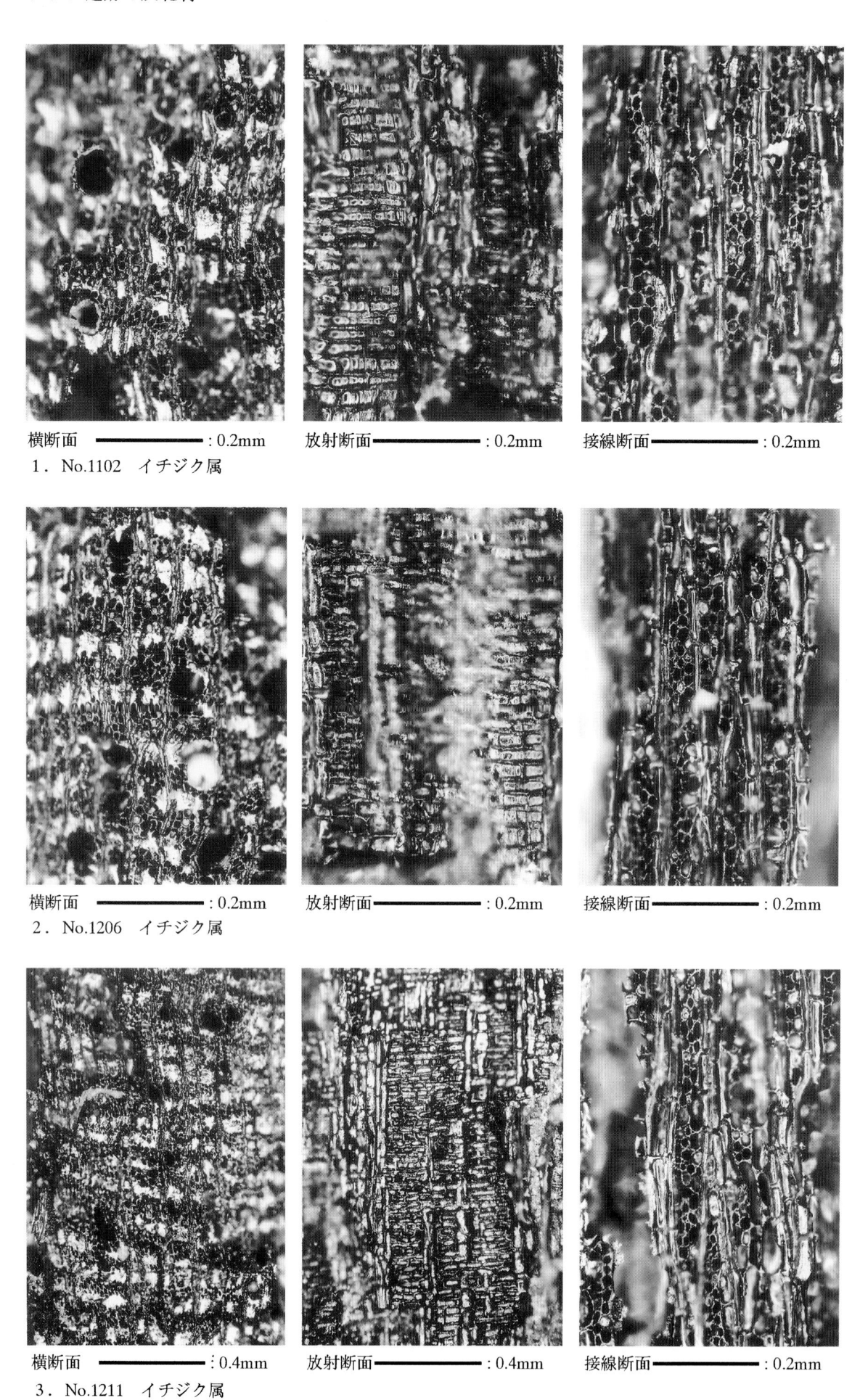

横断面 ━━━ :0.2mm　　放射断面 ━━━ :0.2mm　　接線断面 ━━━ :0.2mm
1．No.1102　イチジク属

横断面 ━━━ :0.2mm　　放射断面 ━━━ :0.2mm　　接線断面 ━━━ :0.2mm
2．No.1206　イチジク属

横断面 ━━━ :0.4mm　　放射断面 ━━━ :0.4mm　　接線断面 ━━━ :0.2mm
3．No.1211　イチジク属

報　告　書　抄　録

ふ　り　が　な	あらふいせきちょうさけんきゅう
書　　　名	アラフ遺跡調査研究Ⅰ
シリーズ名	アラフ遺跡調査研究
シリーズ番号	No.1
編　著　者　名	松葉　崇・江上幹幸・馬淵和雄（責任編者：松葉崇）
著　　者　　名	江上幹幸・松葉　崇・馬淵和雄・張替清司・新里貴之・金城英樹・知念政樹　他
編　集　機　関	アラフ遺跡発掘調査団
所　　在　　地	〒901-2601　沖縄県宜野湾市宜野湾2－6－1　沖縄国際大学　江上研究室
発　行　年　日	2003年（平成15年）12月20日

ふ　り　が　な　所収遺跡名	あらふいせき　アラフ遺跡
所　　在　　地	沖縄県宮古郡城辺町新城荒牛
調　査　期　間	（2000年～2002年12月） 平成12年3月21日から12年3月29日 平成12年9月15日から12年9月30日 平成12年12月20日から12年12月30日 平成13年11月21日から13年11月30日 平成13年12月19日から13年12月31日 平成14年3月5日から14年3月16日 平成14年12月12日から14年12月31日
調　査　面　積	140㎡
調　査　原　因	学術遺跡確認調査

	主な時代	主な遺構	主　な　遺　物	出土量
時代、遺物、遺構	新石器時代後期	集石遺構 竪穴遺構 土坑 貝溜まり遺構	シャコガイ製貝斧 シャコガイ製製品 スイジガイ製利器 クモガイ製利器 獣歯有孔製品 サメ歯製品 土器	ケース　40箱

アラフ遺跡調査研究 I
― 沖縄県宮古島アラフ遺跡発掘調査報告 ―

2003年12月20日　第1版第1刷発行

編　集	アラフ遺跡発掘調査団 〒901-2601　沖縄県宜野湾市宜野湾 2-6-1 沖縄国際大学　江上研究室
発行者	八木　環一
発行所	有限会社　六一書房　http://www.book61.co.jp/ 〒101-0064　東京都千代田区猿楽町 1-7-1　高橋ビル1階 TEL 03-5281-6161　FAX 03-5281-6160　振替 00160-7-35346
印　刷	有限会社　金城印刷　http://www.k0001.jp/ 〒901-0305　沖縄県糸満市西崎町 5丁目 9-16 TEL 098-995-0001　FAX 098-994-9886

ISBN4-947743-19-0 C3021　　　　　　　　　　　　　　　Printed in Japan